Liebenswerte

Provence

Text **Nedjma Van Egmond**

Fotos **Jacques Debru**

Übersetzung **id2m**

Editions OUEST-FRANCE

Abbaye N.-D.-d'Aiguebelle
Dieulefit
Grignan
La Garde-Adhémar
Grillon
Valréas
Nyons
Vallon-Pont-d'Arc
Pierrelatte
St-Paul-les-Trois-Châteaux
VAUCLUSE
Sainte-Jall
Gorges de l'Ardèche
PLAINE DU TRICASTIN
Richerenches
Ardèche
Commanderie
Visan
Buis-les-Baronnie
Barrage de Donzère-Mondragon
Suze-la-Rousse
Vaison-la-Romaine
Mollans-sur-Ouvèze
Pont-St-Esprit
Bollène
Château d'Entrechaux
N 7
Aigues
Séguret
Dentelles de Montmirail
Mornas
Sablet
1909
Mt Ventoux
Beaumes-de-Venise
La Roque-Alric
Crillon-le-Brave
Alès
Bagnols-sur-Cèze
N 580
Ouvèze
Malaucène
Modène
Orange
GARD
VAUCLUSE
Châteauneuf-du-Pape
COMTAT-VENAISSIN
Carpentras
Pernes-les-Fontaines
Nesque
D 942
Venasque
Uzès
N 86
A 9
Sorgues
Le Beaucet
LUBERON
Gard (ou Gardon)
Avignon
Fontaine-de-Vaucluse
Abbaye de Sénanque
N 110
N 106
N 100
L'Isle-sur-la-Sorgue
Gordes
Rhône
A 7
Lagnes
Village des Bories
St-Pantaléon
Châteaurenard
Coulon
N 100
Cavaillon
Robion
Lacoste
Nîmes
Beaucaire
Tarascon
St-Rémy-de-Provence
N 7
Taillades
Oppède-le-Vieux
Ménerbes
Sommières
Monastère Saint-Paul-de-Mausole
Mérindol
Chapelle Saint-Gabriel
Les Antiques
A 9
N 113
Les Baux
Gorges du Régalon
LES ALPILLES
Eygalières
Fontvieille
N 113
Abbaye de Montmajour
Maussane
A 7
St-Gilles
Moulin et aqueduc de Fontvieille
Eyguières
N 572
A 54
Mouriès
Château de Barben
Arles
A 54
N 113
Salon-de-Provence
La Grande-Motte
BOUCHES-DU-RHÔNE
Aigues-Mortes
Petit Rhône
LA CRAU
D 62
Étang de Vaccarès
N 568
N 113
Le Grau-du-Roi
PARC NATUREL RÉGIONAL DE CAMARGUE
Grand Rhône
Istres
Vitrolles
Vestiges de Saint-Blaise
Étang de Berre
Stes-Maries-de-la-Mer
Martigues
A 55
Salin de Giraux
Port-St-Louis-du-Rhône
Niolon
Carro
Carry-le-Rouet
GOLFE DU LION
0
10
20 km

HAUTES-ALPES
DRÔME
Eygues
Durance
A 51
N 75
1345
Col de Maure
Bleone
Sisteron
Verdon
Toulourenc
Montbrun-les-Bains
Aurel
MONTAGNE DE LURE
Sault
PAYS DE SAULT
St-Trinit
Digne-les-Bains
N 85
ALPES-DE-HAUTE-PROVENCE
Monieux
Monastère de Ganagobie
St-André-les-Alpes
Gorges de la Nesque
Banon
Riaille
Forcalquier
U VAUCLUSE
Cavalon
Prieuré de Salagon
St-Saturnin-lès-Apt
Riaille
Roussillon
Lac de Castillon
Plan d'eau de la Riaille
PLATEAU DE VALENSOLE
Apt
N 100
N 96
Moustiers-Ste-Marie
Castellane
N 85
Saignon
Valensole
Riez
Buoux
Auribeau
Manosque
Bonnieux
Étang de Cucuron
Gréoux-les-Bains
Lourmarin
Étang de la Bonde
Cucuron
Grambois
Lac du Barrage de Ste-Croix
Lauris
Ansouis
La Tour-d'Aigues
Cadenet
Mirabeau
Verdon
Durance
Abbaye de Silvacane
Pertuis
A 51
N 96
Draguignan
N 7
Aix-en-Provence
MONTAGNE SAINTE-VICTOIRE
N 555
N 7
A 8
N 7
A 8
St-Maximin-la-Ste-Beaume
Argens
VAR
A 8
A 51
N 96
A 52
A 8
Brignoles
A 7
N 560
Marseille
LE GARLABAN
N 97
A 55
A 57
Château d'If
A 50
Aubagne
N 98
Mont Puget
N 8
N 8
MAURES
Les Calanques
A 50
Cassis
Toulon
La Ciotat
Calanque d'En-Vau
Le Lavandou
Hyères
Cap Canaille
Calanque de Sugiton
Calanque de Port-Miou
Calanque de Morgiou
Calanque de Port-Pin
Calanque de Callelongue

Die Provence im Überblick

Die Provence, eine der bezauberndsten Regionen Frankreichs, ist ein einzigartiger Landstrich von unerhörtem Facettenreichtum. In administrativer Hinsicht umfasst sie die sechs Départements Bouches-du-Rhône, Alpes-Maritimes, Vaucluse, Var, Hautes-Alpes und Alpes-de-Haute-Provence. Eine vollständige Erkundung dieses riesigen Gebiets scheint somit kaum möglich.

So richtet sich unser Augenmerk auf den südlichen Teil, der schon für sich allein unzählige abwechslungsreiche Sehenswürdigkeiten birgt: die urwüchsige Camargue mit ihren vielen Bräuchen und Traditionen, das „Grenzgebiet" Gard mit seinen römischen Schätzen, das legendenreiche Vorgebirge Alpilles, die stolze Metropole Marseille mit ihrer bezaubernden Küste, der Luberon mit seinen entzückenden Gebirgsdörfern, die zeitlose große Theaterbühne Avignon, die Papst-Enklave an der Grenze zwischen Vaucluse und Drôme, das Umland von Aix, die Region Haute-Provence und nicht zuletzt das Verdon-Gebiet, dessen Schlucht zu den beeindruckendsten und tiefsten Europas zählt... um nur einige der vielen provenzalischen Kleinode zu nennen.

Flüsse, Meer, Dünen, Klippen, nach Rosmarin und Thymian duftende Heide, friedliche Täler, brodelnde Städte, winzige Dörfer aus einer anderen Zeit, nacktes Gestein und üppiger Pflanzenwuchs bilden ihr kontrastreiches Landschaftsbild. Abendliches Boulespiel und eisgekühlter Pastis, kosmopolitische Häfen und südländischer Akzent, mützentragende Patriarchen von kräftiger Statur und überschwängliche junge Frauen in luftigen Sommerkleidern zählen zu ihren bisweilen klischeehaften aber auch authentischen Bildern.

Nicht zuletzt versteht sich die Provence als Gastland für Korsen, Italiener, Spanier, Nord- und Schwarzafrikaner. In diesem bunten Durcheinander aus Völkern, Hautfarben, Sprachen, Klängen und Traditionen mischen sich kulinarische, gastronomische und historische Einflüsse aus allen Herren Länder.

Unter den berühmten „leiblichen und adoptierten" Kindern der Provence gesellen sich zahlreiche Künstler und Schriftsteller, die in ihren Werken und Gemälden ihre bedingungslose Zuneigung zu diesem Landstrich verewigten. So z. B. der aus Aix stammende und in den Gebirgszug Sainte-Victoire vernarrte Paul Cézanne, der dem Wald- und Gebirgsmassiv Garlaban verhaftete Schriftsteller und Filmemacher Marcel Pagnol, welcher seine Handlungen mit Vorliebe in Marseille spielen ließ, der aus Manosque stammende Romancier Jean Giono, dessen Vorstellung vom Süden im Werk *Le Sud imaginaire* deutlich hervortritt, die in Lourmarin bestatteten Schriftsteller Henri Bosco und Albert Camus, der Dichter und Verfechter der provenzalischen Sprache Frédéric Mistral, der italienische Dichter und Humanist Francesco Petrarca, der Dichter René Char, der Schriftsteller Alphonse Daudet und viele mehr.

Die Provence verdient Beachtung und Zeit – viel Zeit, will man sie gemächlich erkunden, ihre vielen versteckten Facetten entdecken und mit ihren Einwohnern auf Tuchfühlung gehen. Auch will sie nicht nur einmal bereist sondern stets von neuem aufgesucht werden, denn es gibt immer wieder etwas Neues aufzuspüren.

Die hier vorgestellten 15 Besichtigungsrouten, die vom Herzen der Provence über das *Vallis Clausa* bis hin zur Provence von Cézanne und Giono führen, verstehen sich gewiss nicht als ausführliche Reiseroute sondern vielmehr als Anregung.

Die einzigartige Provence besitzt, wie gesagt, viele Gesichter. Ihre Provence ist sicherlich dabei – Sie brauchen Sie nur noch zu entdecken.

Provenzalisches Potpourri

Es folgt eine zwanglose und selbstverständlich subjektive Auswahl einiger charakteristischer Begriffe der Provence, die hier knapp erläutert werden.

Alpilles

Dieser über etwa 40 km lange Gebirgszug, ein Ausläufer des Luberon, besticht durch seine atemberaubende Landschaft und malerischen Dörfer.

Camargue

Eine Landschaft von urwüchsiger Schönheit, in der das provenzalische Herz schlägt. Mit der Camargue untrennbar verknüpft sind die alljährlich zwischen Arles und Nîmes ausgetragenen Ferias oder Stierkampffeste: Corrida, *Encierro*, Course camarguaise…

Zikade

Die Souvenirläden quellen über von zirpenden Amuletten in schönen Schachteln. Doch diese musikalischen Insekten, die sich bei La Fontaine dem Müßiggang hingeben, werden am meisten in der Natur geschätzt.

Stoff

Im 17. Jh. hielten die aus Indien stammenden provenzalischen Stoffe in Europa ihren Einzug. Die mit den Segelbooten der Ostindienkompanie hierher transportierten Stoffe zählen bis heute zu den Aushängeschildern des hiesigen Handwerks.

Festival

Nicht weg zu denken aus der hiesigen Kultur sind die vielen Feste, Musik-, Theater- und Tanzveranstaltungen, die im Sommer von der ganzen Region, sprich von Avignon bis La Roque-d'Anthéron, von Aix bis Marseille, Besitz ergreifen. Denn die warmen sternenklaren Sommernächte der Provence bieten die herrlichste Kulisse für Vorführungen unter freiem Himmel.

Okzitanische Dichterschule

Am 21. Mai 1854 entstand im Vaucluse-Tal um den in Maillane geborenen Dichter Frédéric Mistral eine um den Erhalt der provenzalischen Kultur und Sprache bemühte Dichterschule (frz. félibrige), zu deren Anhängern Théodore Aubanel, Joseph Roumanille und Paul Giéra zählen.

Gastronomie

Zu den herzhaften und süßen Spezialitäten der Provence gehören die Fischsuppe Bouillabaisse, das Fischgericht Aïoli mit Knoblauchsauce, die Olivenpaste Tapenade, die Basilikumsauce Pistou, der Sardellendip Anchoïade, die Pralinen Papalines und der Nougat.

Kräuter

Die würzigen Kräuter der Provence, darunter Thymian (auch *farigoule* genannt), Rosmarin, Bohnenkraut, usw., die aus der immergrünen Heide Garigue stammen, sind von keiner Tafel wegzudenken.

Inspiration

Wohl kaum eine Region inspirierte derart viele Künstler. Die unvergleichlichen Farben der Provence wurden auf den Gemälden von Van Gogh und Cézanne eingefangen. Ihre Städte, Dörfer und nicht zuletzt ihre Sprache wurden u. a. von Bosco, Daudet, Zola und Giono gerühmt.

Luberon

Der etwa 60 km lange Gebirgszug lässt im gleißenden südländischen Licht seine mal stark zerklüftete Gebirgslandschaft, mal sanftere Hügellandschaft erstrahlen. Besondere Beachtung verdienen die sehr gefragten „Kult"-Stätten und idyllischen Dörfer des Luberon mit ihren gepflasterten malerischen Gassen.

Markt

Fast jedes Dorf der Provence besitzt seinen eigenen Markt. So tummeln sich auf den vielen Wochenmärkten jeder Größe und Art Einheimische, Hinzugezogene und Besucher, die sich am üppigen, farbenfrohen und wohlriechenden Warenangebot, das zumeist aus Obst und Gemüse besteht, aber auch am unnachahmlichen Redeschwall der Händler gütlich tun.

Mistral

Hier ist natürlich nicht der Dichter sondern der kalte und trockene Nordwestwind gemeint, der einen Großteil des Jahres über die Provence hinwegfegt (etwa 90 Tage in Marseille, über 120 Tage im Rhône-Tal). Sein Name leitet sich aus dem provenzalischen Wort *mistrau* ab.

Pastis

Der *Pastaga*, wie ihn die Einheimischen liebevoll nennen, oder *kleine Gelbe* ist eine Institution. Er wird – praktisch zu jeder Tageszeit – in speziellen Gläsern zum Aperitif gereicht. Puristen genießen ihn pur auf Eis, doch lässt er sich auch mit Sirup mischen. So verwandelt ein Schuss Grenadine den Pastis in eine „Tomate", ein Schuss Minze in einen „Papagei" und ein Schuss Mandelmilch in eine „Moreske". Zum Wohl!

Boulespiel

Der Geburtsort des ausgesprochen beliebten und in einem bekannten französischen Lied gepriesenen Boulespiels ist der Ort La Ciotat. Das in Zweier- oder Dreier- Mannschaften ausgetragene Spiel leitet sich vom okzitanischen Begriff *pé tanco* (dt. Fuß am Boden) ab.

Santon

Santon, auf provenzalisch *santoun*, bedeutet „kleiner Heiliger". Diese bemalten Krippenfiguren aus Ton stellen die Heiligen Drei Könige und Hirten dar. Dazu gesellen sich die unumgänglichen provenzalischen Figuren, darunter der Begeisterte, der Trommler, der Scherenschleifer, usw.

Dörfer

Die entzückenden provenzalischen Dörfer bestechen durch ihre malerische Lage: Mal thronen sie wie in Stein gemeißelt auf Felsvorsprüngen an steilen Hängen, mal schmiegen sie sich in idyllische Täler. Ganze 18 Dörfer der Provence erhielten die begehrte Auszeichnung „Schönste Dörfer Frankreichs".

Quasselstrippe

Ob es sich beim nicht abreißenden Redefluss der Südfranzosen um eine Stärke oder Schwäche handelt, sei dahin gestellt. Jedenfalls ist der *Tchatcheur* aus der südländischen Region nicht wegzudenken. Seine prahlerischen Erzählungen voller Übertreibungen strotzen vor bissigem Lokalhumor – mit südfranzösischem Akzent, versteht sich.

Das pulsierende Herz der Provence

Die traditionsreiche Camargue

Die Camargue, das weitläufige Mündungsgebiet der Rhône und pulsierendes Herz der Provence, ist eine bezaubernde urwüchsige Landschaft, die noch zahlreiche Traditionen und alte Bräuche in Ehren hält.

Linke Seite
Etwa 30.000 Flamingos finden sich jedes Jahr im Sommer in der Camargue ein.
Unten
Im Umland von Vauvert liegen drei Weiher: Charnier, Scamandre und der hier abgebildete Weiher von Grey.

Das 85.000 ha große Gebiet erstreckt sich vom Fluss bis zum Mittelmeer über die zwei Regionen Provence und Languedoc-Roussillon und bildet zwischen den beiden Mündungsarmen der Rhône und dem Mittelmeer eine Art Insel: im Osten (Bouches-du-Rhône) der Grand Rhône, im Westen (Gard) der Petit Rhône, dazwischen der riesige Etang de Vaccarès, und im Süden die Mittelmeerküste, die sich über 95 km von Grau-du-Roi bis Fos-sur-Mer dahin zieht.

Die seit 1970 zum Naturschutzgebiet erklärte Camargue zeichnet sich durch eine immense Biotop-Vielfalt aus (Sümpfe, Dünen, Salzgärten, Lagunen, Wälder, Reisfelder und Strandseen) und beheimatet zahlreiche emblematische Tierarten wie rosarote Flamingos,

Oben Hoch zu Ross behalten die stolzen Gardians ihre Pferde- und Rinderherden im Auge.
Unten
Die Provence hält ihre Traditionen in Ehren, wie hier anlässlich der Stierkämpfe oder Courses camarguaises zwischen April und September.

weiße Camargue-Pferde und pechschwarze Stiere. Im Sommer wird das Gebiet von etwa 30.000 dieser stolzen Vögel im rosa Federkleid in Beschlag genommen. Bei Einbruch der Abenddämmerung liefern die in Scharen auffliegenden Flamingos ein beeindruckendes Schauspiel.

Weiter werden mit der Camargue Bilder verknüpft, die weniger mit folkloristischen Klischees als mit authentischen, bis heute aufrecht erhaltenen Bräuchen zu tun haben. So begegnet man hier nicht selten den *Gardians*, sprich Hütern, die hoch zu Ross ihre Pferde- oder Stierherden (auf Provenzalisch *Manade*) umsorgen, erkennbar an ihren Filzhüten, Halstüchern, Cowboy-Hemden und Westen. Im Jahre 1512 schlossen sich die Gardians in einer Gilde zusammen. Später, im Jahre 1909, wurde ihre Identität durch den Marquis Folco de Baroncelli bekräftigt, der zur Pflege der alt überlieferten Bräuche und Sitten der Camargue den Förderverein *Nacioun Gardiano* gründete.

Hautnah miterleben können Sie diese Bräuche, indem Sie zwischen April und

September einer *Course camarguaise* beiwohnen. Auf diesen unblutigen provenzalischen Stierkämpfen werden die Stiere, Pferde und *Raseteurs*, die mit Geschick die Tiere herausfordern, von den Einwohnern der Camargue stürmisch bejubelt.

Unten
Beim so genannten Abrivado treiben die Gardians den Traditionen des Marquis Folco de Baroncelli folgend die Stiere von der Weide in die Arena.

Oben
Das im Jahre 1924 im Auftrag des Marquis de Baroncelli entstandene Camargue-Kreuz symbolisiert durch den Dreizack die Gardians und durch den Anker die Fischer.

Oben
Arles besitzt sieben Bauwerke, die auf der Weltkulturerbeliste der UNESCO rangieren, darunter die prächtigen Arenen, in welchen die stürmisch umjubelten Stierkampffeste zu Ostern und die Feria du Riz im Herbst, die Courses camarguaises und das Raseteur-Fest Cocarde d'or ausgetragen werden.

Rechts
Auf dem *place de la République*: Gardians und *Mireilles* im provenzalischen Trachtenkostüm, die aus dem Stadtbild von Arles nicht wegzudenken sind.

Arles, das kleine gallische Rom

Um 46 vor Chr. ließ Cäsar hier seine Legionen ansiedeln und weihte den Ort *Gallula Roma*. Am Scheideweg zwischen Crau (ein von zahlreichen Vogelarten bewohntes Halbwüsten-Plateau), Camargue und Alpilles gibt die bezaubernde 2.000 Jahre alte Stadt Arles unter der sengenden Sonne ihre zahlreichen Schätze preis. Römische und romanische Bauwerke, wovon allein sieben auf der Weltkulturerbeliste der UNESCO stehen, ringen in Arles um den Schönheitstitel, darunter Arenen, das antike Amphitheater, die nach dem römischen Kaiser Konstantin benannten Thermen, der Kreuzgang der Kathedrale Saint-Trophime und mehrere Kirchen.

Der entzückende Ort profitiert von einem unvergleichlichen Licht, das bereits Vincent Van Gogh während seines fünfzehnmonatigen Aufenthalts in Arles dazu nutzte, ganze 300 Gemälde anzufertigen. Dennoch begnügt sich die dynamische Stadt Arles keineswegs nur damit, ihre

Schätze auszustellen. Am Eingang zur Camargue bildet sie die obligatorische Passage der Corrida besessenen *aficionados* und Freunde der *novilladas*, gemeint sind die zu Ostern und im September ausgetragenen Kämpfe zwischen Jungstieren und Nachwuchs-Toreros.

Oben
Stierkämpfe und Feste zu Ehren der Gardians bilden die Höhepunkte des Veranstaltungskalenders von Arles.

Unten
Ein weiteres bedeutendes Bauwerk von Arles ist das antike Amphitheater (links). Als im Dezember 1888 Vincent Van Gogh sein Ohr verstümmelte, wurde er in das städtische Krankenhaus transportiert (rechts). Heute befindet sich hier das Kulturzentrum *Espace Van Gogh*.

Das Trachtenfest von Arles

Zahlreiche traditionelle Feste bestimmen den Jahresablauf von Arles und der gesamten Camargue. Von der Tradition bis zur Kunst erfordert es nur einen kleinen Schritt. Dass die Stadt Arles diese Kunst beherrscht, stellte sie mehr als einmal unter Beweis... In einer bunten Parade aus prächtigen Stoffen, Seide, Spitze, Samt und schillernden Farben begeht Arles jedes Jahr am 1. Juli das Trachtenfest. Unter der gleißenden Sonne beteiligen sich etwa 500 kostümierte Personen am Festzug und an der Bühnenshow im antiken Amphitheater.

Die Ursprünge dieses Fests gehen auf das Jahr 1903 zurück, als Frédéric Mistral, der Verfasser des Werkes *Mireille*, das „Jungfrauenfest“ *Festo Vierginenco* ins Leben rief. Anlässlich dieser Feier, die den Übergang vom Mädchen- ins Erwachsenenalter symbolisiert, legen die jungen Teilnehmerinnen zum ersten Mal das provenzalische Trachtenkleid und traditionelle Haarband an. An der ersten Veranstaltung nahmen zunächst 18, im Folgejahr bereits 350 Mädchen teil! Noch mehr als 100 Jahre nach der Gründung dieses Trachtenfests lebt die Tradition fort.

Linke Seite oben und rechte Seite

Die *Mireilles* in bunten Trachten ziehen hoch zu Ross durch die Stadt.

Link Seite unten

1903 waren es nur 18 Teilnehmerinnen. Heute sind es mehrere Hunderte, die sich unter der sengenden Sonne im Schutz ihrer Sonnenschirme am Trachtenfest beteiligen.

Oben
Obligatorische Anlaufstelle des reizenden Städtchens Saintes-Maries-de-la-Mer ist die befestigte Kirche mit ihrem schönen Innendekor. Vom Dach des Bauwerks bietet sich dem Besucher ein herrlicher Ausblick auf das weite Meer.

Links
Am 24. Mai feiern die Sinti und Roma ihre Schutzpatronin, die „Schwarze Sarah".

Die Wallfahrtsstätte Saintes-Maries-de-la-Mer

An den Ufern dieses Ortes landeten in einem kleinen Kahn ohne Segel und Ruder die aus Palästina vertriebenen Tanten Jesu, Maria Jakoba und Marie Salome, mit ihrer ägyptischen Dienerin Sarah.

Jedes Jahr huldigen Pilger den drei Heiligen. Das Fest der Hl. Marien findet im Mai und Oktober, das Fest zu Ehren der „schwarzen Sarah" und Schutzpatronin der Sinti und Roma am 24. Mai statt. Das Städtchen, das sich an der Küste entlang zieht, verdankt seinen Ruf den damit einher gehenden Prozessionen und Feierlichkeiten. Sehenswert sind ebenfalls die weiß gekalkte Altstadt mit ihren gepflasterten Gassen, die befestigte Kirche und der schöne lange Sandstrand.

Das mittelalterliche Städtchen Aigues-Mortes

Nicht weit von dort scheint das zeitlose, mittelalterliche Städtchen Aigues-Mortes (totes Gewässer) vor sich hin zu dösen. Im 13. Jh. wurde dieser mitten im Sumpfgebiet errichtete kleine Weiler von einigen wenigen Fischern und Salinenbesitzern bewohnt. Der Ort gehörte dem Kloster Psalmody an, bis König Ludwig IX. beschloss, hier an den Toren zu seinem Königreich eine Stadt und einen Zugang zum Mittelmeer zu schaffen. Aigues-Mortes, die auch eine bekannte Hafenstadt war, wurde zwischen 1246 und 1272 erbaut. Im darauf folgenden Jahrhundert folgte der Festungswall.

Dieser wunderschön erhaltene Ort besticht durch seinen Turm *Constance*, der einst als Gefängnis diente, und seine 1.630 m langen, vollkommen unversehrten Stadtmauern, die ein fast perfektes Viereck bilden! Lawrence von Arabien unterlag bereits 1908 ihrem Charme…

Unten
In bemerkenswert gutem Zustand befinden sich die im frühen 14. Jh. errichteten Festungsmauern von Aigues-Mortes.

Rechts
Große Besucherströme zieht der Turm *Constance* an, der früher ein Gefängnis war.

Das Mittelalterfest

Saint-Louis lebe hoch! Zu Ehren seines Gründervaters König Ludwigs IX. taucht das friedliche Städtchen Aigues-Mortes den Ort in mittelalterliche Feststimmung. Hiermit soll an die Zeit erinnert werden, als Ludwig der Heilige die Stadt gründen ließ, um sich für seine Kreuzzüge eine Hafenstadt am Mittelmeer einzurichten.

So finden sich Ende August an allen Orten, Straßen und Plätzen von Aigues-Mortes Troubadoure, Ritter, Edelmänner, Hofdamen und Spielmänner ein, um ein Wochenende hindurch den zahlreichen Festveranstaltungen beizuwohnen.

In der Regel werden die Festlichkeiten mit einem Fackelzug eingeleitet. Ein Mittelaltermarkt, Ritterturniere, Paraden von Rittern in Rüstung und ein Feuerwerk runden das Programm ab, das sowohl bei den Einwohnern des Städtchens als auch bei den vielen Besuchern großen Anklang findet.

Oben
Jedes Jahr im August herrscht an einem Wochenende „mittelalterliche" Feststimmung.

Links
Zum Andenken an König Ludwig IX., der die Stadt Aigues-Mortes gründete, ziehen Hofdamen und Ritter zu Pferd durch die Stadt.

Le Grau-du-Roi, ein anderes Gesicht der Camargue

Ernest Hemingway verbrachte hier im Jahre 1927 seine Flitterwochen. Aus dem kleinen Hafen von einst entwickelte sich eine große Hafenstadt, die dennoch mit so manchen Annehmlichkeiten aufwarten kann: auf den Wellen tanzende kleine Fischkutter, flanierfreundliches Altstadt-Ambiente und heimelige Idylle am Strand Espiguette. Die friedliche, langgestreckte Landzunge des entzückenden Ortes lädt zum Träumen ein.

Im Umland erwarten den Besucher weitere reizende Facetten der Camargue, so z. B. der Ort **Beauduc** in etwa 15 km Entfernung von Salin-de-Giraud, der am Ende der Welt zu liegen scheint. Zahlreiche Flamingos und ein schöner langer Sandstrand runden das Besichtigungsprogramm ab. Sehenswert ist ebenfalls der auf dem Jakobsweg gelegene Wallfahrtsort **Saint-Gilles** mit seinen zahlreichen romanischen Bauwerken. Seine Klosterkirche aus dem 12. Jh., die zum Kulturerbe der Menschheit erklärt wurde, lädt zur freien Besichtigung ein.

Oben
Der Leuchtturm auf der malerischen und - wie es scheint - menschenleeren Landzunge Espiguette.

Unten Der von Ernest Hemingway hoch geschätzte kleine Fischereihafen von einst ist heute bedeutend größer, doch das geschäftige Treiben der Fischer dürfte unverändert sein.

Die Départements Gard und Ardèche

Linke Seite
Die natürliche Brücke bei Vallon Pont d'Arc an der wunderschönen Ardèche-Schlucht. Im Winter scheint der Ort ruhig und verlassen, im Sommer nehmen Hunderte bunte Kanuboote den Fluss in Beschlag.
Unten
Das *Maison carrée* in Nîmes: Der Tempel entstand zu Ehren der kaiserlichen Nachkommen Gajus und Lucius Cäsar.

Nîmes, eine alte Stadt mit Blick in die Zukunft

Die Ursprünge der Stadt Nîmes reichen bis auf das 6. Jh. vor Chr. zurück, als sich an der heiligen Quelle *Nemausus*, der Nîmes ihren Namen zu verdanken hat, der keltische Stamm der Volcae Arecomices ansiedelte. Die Stadt entwickelte sich zusehends und erlebte unter Kaiser Augustus mit dem Bau zahlreicher imposanter Bauwerke ihre Blütezeit. Das 133 m lange und 101 m breite Amphitheater von Nîmes zählt zu den besterhaltenen und größten Kreationen aus gallisch-römischer Zeit. Bis zu 20.000 Zuschauer fanden hier Platz. Nicht weit davon entfernt entstand zu Ehren der Enkel Cäsars,

Links
Die Sautadet-Wasserfälle. An diesem paradiesischen Fleckchen können Sie sich nach der anstrengenden Besichtigung der römischen Bauwerke erfrischen und sich ein Sonnenbad gönnen. Das Baden im Fluss allerdings ist nicht erlaubt!

Rechte Seite
Oben
Stimmungsfrohe Musik anlässlich der viel besuchten Stierkämpfe in den gut erhaltenen Arenen von Nîmes.
Unten: Der wunderschöne Park *Les Jardins de la Fontaine*.

Gajus und Lucius Cäsar, der bis heute ausgesprochen gut erhaltene römische Tempel *Maison carrée*.

Doch die Römerstadt Nîmes hat noch viele weitere Vorzüge zu bieten, die sie ihren unzähligen Einflüssen und ihrer geografischen Lage verdankt. In der Tat kommen hier Einflüsse aus Spanien und den Cevennen, aus dem Languedoc und der Provence zusammen. Zwei mal im Jahr verwandelt sie sich in eine regelrechte Stierkampf-Hauptstadt, in der ausgelassene Feststimmung herrscht. Unweit von hier warten die Cevennen und das Cèze-Tal mit herrlichen Kastanienwäldern, grünen Tälern, erfrischenden Wasserfällen und malerischen Dörfern auf.

Darüber hinaus weiß Nîmes ihre Besucher und selbst den anspruchsvollsten Gourmet mit gastronomischen Spezialitäten zu beglücken: Brandade (Stockfischgericht) und Tapenade, Oliven und Lamm, abgerundet von einem mundigen Costières-Wein des hiesigen immerhin 12.000 ha großen Weinanbaugebiets.

Auch die Moderne kommt in der mit dem Label *Ville d'art et d'histoire* ausgezeichneten Stadt nicht zu kurz. So entstand 1993 gegenüber dem altehrwürdigen Tempel *Maison carrée* das vom Architekten Norman Foster entworfene zeitgenössische Kunstmuseum *Carré d'art*.

Unten
Gegenüber dem antiken *Maison carrée* sorgt das vom Architekten Norman Foster entworfene moderne Kunstmuseum *Carré d'art* (1993) für einen gelungenen Kontrast.

GUICHET
GUICHET

Oben
Die stolze Burg von Beaucaire bzw. der alten Stadt *Belcaïre* (schöner Stein).
Die Stiftskirche Sainte-Marthe in Tarascon (rechts).

Unten
Das Ungeheuer Tarasque und Wahrzeichen der Stadt Tarascon wird ein Mal im Jahr anlässlich des nach ihm benannten Festes „freigelassen".

Beaucaire, eine Brücke von Tarascon entfernt

Östlich von Nîmes trennt eine 500 m lange Brücke den im Gard gelegenen Ort **Beaucaire** vom provenzalischen Ort **Tarascon.** Die Stadt *Belcaïre* (schöner Stein) entstand im ausgehenden 11. Jh., ihre Burg ein Jahrhundert später. Von ihr sind noch der vieleckige Turm, eine Kapelle und Fresken aus romanischer Zeit erhalten. Sehenswert sind ebenfalls das Rathaus, die Kirche Notre-Dame-des-Pommiers und das Kloster Saint-Roman. Von dessen hoch angelegtem Friedhof bietet sich ein wunderschöner Ausblick auf die Rhône-Niederung. Im Nachbarort Tarascon kommt alljährlich am letzten

Juni-Sonntag ein feuerspeiendes Ungetüm mit funkelnden Augen hervor: der Drache *Tarasque*. Zu besichtigen sind ebenfalls das Schloss von König René aus dem Herrscherhaus Anjou und das Haus von Tartarin, dem bekannten Romanhelden des Schriftstellers Alphonse Daudet.

Oben
Das ungewöhnlich gut erhaltene Schloss von König René in Tarascon. Turm, Kapelle und Fresken sind der Romanik zuzuordnen.

Unten
Zu besichtigen sind der Hof und die Gemächer, die an die Regentschaft des Herrscherhauses Anjou erinnern.

Oben
Die höchste Aquäduktbrücke der römischen Welt misst 49 m und erstreckt sich über eine beachtliche Länge von 273 m.

Rechte Seite
Nicht wenige wagen nach ihrem Besuch des Aquädukt-Museums einen Kopfsprung ins kühle Nass des Flusses Gardon.

Das 2.000 Jahre alte Aquädukt Pont du Gard

Dieses wahrlich imposante Aquädukt transportierte über 50 km das Wasser aus dem Fluss Eure bis zum Kastell der Siedlung Nîmes. Der Name seines Baumeisters ist nicht bekannt. Doch nachgewiesen ist, dass der Pont du Gard und Machtsymbol der römischen Zivilisation die höchste von den Römern erbaute Aquäduktbrücke ist. Zum Beweis einige schwindelerregende Zahlen: Über eine Länge von 273 m überspannt sie in drei Arkadenreihen den Fluss Gardon in 49 m Höhe. Mehrere Tausend Männer waren fünf Jahre hindurch an ihrem Bau beteiligt!

Als Baustoff wurde ein aus den hiesigen Kalksteinbrüchen abgebauter Bruchstein (insgesamt an die 50.400 Tonnen) verwendet, der mit Kalkmörtel überzogen wurde. Im 6. Jh. wurde das Aquädukt still gelegt. Viel später, im Jahre 1840, wurde es durch den damaligen beauftragten für Denkmalpflege, Prosper Mérimée, unter Denkmalschutz gestellt. Heute wird die Besichtigung dieses wunderschön gelegenen antiken Meisterwerks durch ein schön gestaltetes zeitgenössisches Ausstellungsgebäude abgerundet, das seine Geschichte nachzeichnet und temporäre Ausstellungen zeigt.

Uzès, oberstes Herzogtum Frankreichs

Auf Ihrer Reise durch den Landkreis Uzège ist die Besichtigung seiner Hauptstadt unumgänglich. In Uzès florierte einst die Seidenraupenindustrie, die im 18. Jh. 2.000 Personen beschäftigte. Vom 5. Jh. bis zur Französischen Revolution war der Ort Bischofssitz. Als der letzte Herzog aus dem Hause Montmorency und oberster Herzog Frankreichs aufgrund seiner Intrigen gegen den König geköpft wird, geht der Titel an Uzès über. Noch heute befindet sich das Schloss im Besitz der Familie d'Uzès, die es mit ihren regelmäßigen, durch eine Flagge am Schlossdach signalisierten Besuchen beehrt.

Neben dem Schloss, dessen Turm *Bermonde* einen besonders schönen Ausblick auf das Umland bietet, besitzt der Ort noch weitere sehenswerte Bauwerke: den Turm Fenestrelle aus dem 12. Jh., die Kathedrale Saint-Théodorit mit einer wunderschönen Orgel aus dem 17. Jh. und den ehemaligen Bischofspalast, in dem heute das städtische Museum untergebracht ist, welches u.a. herrliche Keramiksammlungen ausstellt. Schlendern Sie durch die Torbogen und malerischen Gassen und lassen Sie die herrschaftlichen Fassaden der Patrizierhäuser auf sich wirken. Weiter erwarten Sie kleine heimelige Plätze mit gemütlichen Terrassen oder prächtige Plätze

Links oben Uzès: Imposant hebt sich der helle Turm Fenestrelle aus dem 12. Zh. vor dem strahlend blauen Himmel ab.

Links unten Prunkstück der Stadt ist das herzogliche Schloss, das bis heute der Familie d'Uzès angehört. Ihre Präsenz wird durch eine Flagge am Schlossdach signalisiert.

Oben Uzès besticht durch seine gelungene Kombination aus Stein und Natur. Der Ort birgt unzählige prächtige Bauten, das Umland idyllische Ausflugsziele in unberührter Natur.

Unten links Eine der insgesamt 2.000 Bruchsteinhütten im Landstrich Uzège.

wie der fotogene *Place aux Herbes*, auf dem mittwochs und samstags Markt gehalten wird. Zu jeder Jahreszeit bringt das südländische Klima köstliche Erzeugnisse hervor: Spargel im Frühjahr, sonnengereiftes Obst im Sommer, Esskastanien und Feigen im Herbst, Trüffelpilze im Winter.

Unten
Unter den Arkaden des *Place aux Herbes* laden Straßencafés zu einer gemütlichen Verschnaufpause, bevor es weitergeht zum provenzalischen Wochenmarkt.

Trüffelpilze

Uzès wird nicht nur für ihre Kunst und Geschichte (Label Ville d'art et d'histoire) sondern auch für ihre vielen schmackhaften, bodenständigen Erzeugnisse gerühmt. Unumstrittener Star unter den berühmten Produkten ist der Trüffelpilz, insbesondere zur Hochsaison, genauer gesagt am 3. Januar-Sonntag. Denn zum Trüffelfest wird dem schwarzen Diamanten die Ehre zuteil, die ihm gebührt. Diesbezüglich kann es die Stadt aus dem Département Gard durchaus mit ihren Drôme- und Vaucluse-Nachbarstädten aufnehmen! Auf dem Fest können Gastronomen und neugierige Liebhaber Trüffelhunden und -schweinen beim Aufspüren der Pilze zusehen (siehe Foto), passionierten Trüffelzüchtern begegnen und in den Feinschmeckerlokalen der Stadt exquisite Trüffelgerichte genießen. Absolutes Highlight des Tages ist ohne Zweifel die in der Kathedrale von Uzès zelebrierte Trüffelmesse.

Erst danach werden die geweihten schwarzen Wintertrüffel zur Versteigerung freigegeben.

Oben Der Star des alljährlich in Uzès gehaltenen Trüffelfests. Nach der obligatorischen Trüffelmesse wird der schwarze Diamant versteigert.

Unten
Trüffelschwein in Aktion.

Ardèche, zwischen Provence und Auvergne

Weiter in Richtung Norden erreichen wir das Naturparadies Ardèche. Obwohl es im strikten Sinne nicht zur Provence gehört, wäre es unverzeihlich, keinen Abstecher in diesen zwischen der kontinentalen Auvergne und der meridionalen Provence eingekeilten Landstrich der Region Rhône-Alpes zu unternehmen. Biber, Adler, Eichen, schroffe Felsen und Kastanienhaine kennzeichnen dieses Naturgebiet, das zu einem Drittel mit Wald bedeckt ist. Mehrere Orte bezeugen seine ehemalige Vulkantätigkeit – die beachtliche 12 Mio. Jahre zurückliegt! Unumgänglich ist der Besuch der beeindruckenden Schlucht des von unzähligen bunten Kanubooten bevölkerten Flusses Ardèche. Über diesen spannt sich wie eine Brücke der felsige Bogen Pont d'Arc, dessen Entstehung einer Legende zufolge einem eifersüchtigen Lehnsherrn aus Sampzon angedichtet wird, der seine schöne Gemahlin eingesperrt haben soll. Geschichtsinteressierte finden schließlich ihr Glück im Regionalmuseum für Vorgeschichte in Orgnac sowie in den Ausstellungen über die Grotte Chauvet und die Hugenotten-Grotte bei Vallon-Pont-d'Arc.

Oben Malerisch spiegelt sich das bezaubernde Städtchen Pont-Saint-Esprit in der Rhône wider.

Unten Zur Erkundung der Ardèche-Schlucht empfiehlt sich eine Kanufahrt. Schwindelfreie können mit dem Rad oder Auto die Schlucht von oben erkunden und den atemberaubenden Ausblick genießen.

Der Gebirgszug Alpilles und das Umland

Linke Seite
Der Gebirgszug Alpilles zieht sich über eine Länge von etwa 40 km dahin.

Unten
Zerklüftete Bergkämme und sonnendurchflutete Täler bilden die idyllische Kulisse der Bergdörfer dieses entzückenden, legendenreichen Landstrichs.

„Ein ruhm- und legendenreiches Belvedere"

Dieser Gebirgszug, ein Ausläufer des Luberon, erstreckt sich über etwa 40 km vom Fluss Durance bei Cavaillon bis zur Rhône bei Tarascon. Zerklüftete Bergkämme, die am *Tour des Opies* mit seinen 498 Höhenmetern den höchsten Punkt erreichen, in schönes Licht getauchte und vom Wind gepeitschte Täler, in welchen Obstbäume, Weinreben, Olivenbäume und Mandelbäume gedeihen, und natürlich zahlreiche entzückende, sonnendurchflutete Dörfer erklären seine Anziehungskraft. Mehrere nam-

Oben
Eygalières ist ein friedliches 1.500-Seelen-Dorf am Fuße des Gebirgszugs Alpilles. Etwa 1 km östlich von hier liegen die sehenswerte Kapelle Saint-Sixte und eine kleine Einsiedelei.

Rechte Seite unten
Der Brunnen Nostradamus wurde nach dem hier geborenen berühmten Propheten benannt, der ebenfalls ein beachtliches literarisches und wissenschaftliches Werk hinterließ (links). Am Ortsausgang erwartet Sie das sehenswerte Plateau des Antiques (rechts).

hafte Künstler ließen sich von seiner Landschaft inspirieren, angefangen bei Alphonse Daudet in Fontvieille bis Vincent Van Gogh in Saint-Rémy. Der hier geborene Dichter Frédéric Mistral tat es ihnen nach und leitete seine *Mémoires et récits* mit folgenden Worten ein: „Soweit meine Erinnerungen zurückreichen, sehe ich vor meinem inneren Auge dort im Süden eine Gebirgskette, deren Kuppen, Hänge, Felswände und Talmulden von morgens bis abends in allen erdenklichen Blauschattierungen schöne Wellenlinien beschreiben. Dies ist der Gebirgszug Alpilles, ein wahres ruhm- und legendenreiches Belvedere".

Der idyllische Ort Saint-Rémy

Hier wurde Nostradamus geboren, verbrachte Van Gogh sein letztes Lebensjahr und versammelten sich die provenzalischen Dichter um Frédéric Mistral und Joseph Roumanille. Die malerische Altstadt besitzt schöne Patrizierhäuser, Brunnen und eine Stiftskirche. Doch nicht allein die Stadt sondern vor allem das *Plateau des Antiques* inmitten des herrlichen Gebirgszugs Alpilles verdient Beachtung. Hier sind noch Rudimente, darunter Thermen, ein Forum und Tempel der antiken Stadt *Glanum* zu sehen, die im 3. Jh. nach Chr. durch Barbaren niedergemacht wurde. Gegenüber befinden sich der Triumphbogen und das Julius-Mausoleum.

Oben
Die Überreste der im 3. Jh. zerstörten antiken Stadt Glanum.

Oben Auf einem Felsvorsprung thronen die Burgruinen des Dorfes Les Baux. Von hier bietet sich ein fesselnder Ausblick auf das Umland.

Unten:
Sehr zu empfehlen ist der Besuch des Hauses der Familie de Montmorency (links) und die Kirche Saint-Vincent (rechts), die zum Teil auf das 12. Jh. zurückgeht.

Das feudale Städtchen Les Baux-de-Provence

An der Südgrenze der Alpilles-Kette thront wie eine Zitadelle auf einem Felsvorsprung das Dorf Les Baux, dessen Name auf das keltische Wort *bau* (steiler Fels) zurückgeht. Die Feudalherren, die fünf Jahrhunderte hindurch über das Schicksal des Dorfes und seiner Lehen entschieden, behaupteten von sich, Nachfahren der Heiligen Drei Könige zu sein. Ihr Wahrzeichen war der sechszehnzackige Stern, ihre Devise lautete „Au hasard Balthazar“. Während der Religionskriege fanden in dem durch die Lehnsherrschaft ruinierten Dorf Hugenotten Zuflucht. Später wurde Les Baux zum Marquisat der Grimaldi.

Heute präsentiert sich das Dorf wie ein Freilichtmuseum, das mit sehenswerten Burgruinen, schmucken Gassen, prächtigen Patrizierhäusern, schönen Kirchen, Künstlerwerkstätten und einem atemberaubenden Ausblick auf das Umland aufwartet. Bei schönem Wetter (sprich an etwa 300 Tagen im Jahr) kann man von den Anhöhen des Dorfes den Blick auf Arles und Montmajour, die Camargue und das Crau-Plateau genießen.

Freunde „überdimensionaler Eindrücke“ sollten nicht den Weg bis zur *Cathédrale d'images* scheuen. Der ehe-

malige Steinbruch, in dem früher roter Bauxit und weißer Kalkstein abgebaut wurden, bildet eine 4.000 m^2 große natürliche Leinwand für eine wahrlich gigantische Ton- und Lichtshow!

Oben Les Baux leitet sich aus dem keltischen Wort *bau* (steiler Fels) ab. Die über das Dorf herrschenden Landesfürsten gaben sich als Nachfahren der Drei Heiligen Könige aus.

Unten
Ein Bummel durch die reizenden Gassen des Dorfes in luftiger Höhenlage lässt Sie zugleich das malerische Umland entdecken.

Unten
Kloster Montmajour: eine gelungene Mischung aus romanischen, gotischen und klassischen Einflüssen.

Oben
Ein Abstecher zum Kloster Montmajour scheint unumgänglich. Das zwischen Arles und Fontvieille gelegene Bauwerk wurde im 10. Jh. von Benediktinermönchen gegründet.

Maussane, Fontvieille und Montmajour im Baux-Tal

Das entzückende Dorf **Maussane** mit seinen vielen reizenden Brunnen und Häusern ist bekannt für sein schmackhaftes Olivenöl. Im angrenzenden Ort Paradou stellt das Museum *La petite Provence du Paradou* eine beeindruckende Santon-Sammlung aus.

Im traditionellen Steinbrucharbeiter-Dorf **Fontvieille** entstand 1814 die Windmühle Saint-Pierre, die bis 1915 in Betrieb blieb. An ihrer Fassade ist ein Schild mit einem Zitat von Alphonse Daudet angebracht: „Dieser felsige Landstrich, der mir zur Heimat wurde und von dem in fast all meinen Büchern – in Gestalt von Menschen und Orten – Spuren zu finden sind“. So gilt sie seit 1935 als die „Mühle von Daudet“, obwohl der Schriftsteller hier niemals lebte und gewiss nicht die berühmten *Briefe aus meiner Mühle* verfasste. Das ihr entgegengebrachte Interesse erklärt sich ganz einfach damit, dass sie den Mühlen gleicht, die Alphonse Daudet in seinen Werken zu beschreiben beliebte. Das sollte Sie allerdings nicht daran hindern, ihr einen Besuch abzustatten,

denn ihr kleines Museum stellt interessante Manuskripte und Porträtmalereien des Schriftstellers aus.

Lange Zeit war die Geschichte von Fontvieille mit der des **Klosters Montmajour** verknüpft. Das von Fontvieille 4 km und von Arles 2 km entfernte Bauwerk bildet ein harmonisches Gefüge aus romanischen, gotischen und klassischen Einflüssen. Es wurde im 10. Jh. von Benediktinermönchen auf einer felsigen Insel inmitten einer Sumpflandschaft erbaut, die nach und nach urbar gemacht wurde. Heute wird der imposante Bau nur noch von Touristen aufgesucht.

Oben In diesem seit 1935 als „die Mühle von Daudet" bezeichneten Bauwerk sind Manuskripte und Porträtmalereien des Schriftstellers zu sehen.

Unten Nach der Besichtigung des Klosters Montmajour (links) empfiehlt sich der Besuch des Schlosses Montauban in Fontvieille (rechts).

Oben
Das mittelalterliche Dorf Boulbon wartet mit sehenswerten Burgruinen auf.

Unten
Von den Anhöhen des Dorfes Boulbon schweift der Blick über das reizende Umland.

Streifzug durch die Montagnette…

In dieser von Aleppo-Kiefern bewachsenen Hügellandschaft konnten sich einige malerische Dörfer einen Platz an der Sonne sichern. Das reizende Dorf **Barbentane**, das einst von der Landwirtschaft und vom Steinbruch lebte, lädt heute zum Besuch seines klassischen Schlosses mit schönem Mobiliar aus dem 17. Jh. Das mittelalterliche Dorf **Boulbon** mit Burg hält seine Bräuche in Ehren. Am 1. Juni können Sie hier anlässlich der Flaschenprozession Ihre Weinflasche

Oben
Das Kloster Saint-Michel-de-Frigolet (links) und die romanische Kirche (rechts) auf den Anhöhen der Montagnette.

Unten
Interessante Schätze sind in der schön dekorierten Kirche aus dem 19. Jh. zu sehen.

segnen lassen, denn dadurch soll das köstliche Getränk gewisse Heilkräfte entwickeln.

Eine weitere Sehenswürdigkeit der Montagnette ist das Prämonstratenserkloster **Saint-Michel-de-Frigolet**. In der Abtei sind eine romanische Kirche und ein Gotteshaus aus dem 19. Jh. mit herrlich buntem Dekor zu besichtigen. Die Klosteranlage profitiert von einer wunderschönen Lage inmitten der nach Kräutern der Provence duftenden Garigue.

Die stolze Stadt Marseille und ihre bezaubernde Küste

Linke Seite Das Herz von Marseille schlägt bekanntlich im alten Hafen Vieux-Port. Ob dieser, wie die Einwohner Marseilles behaupten, vor langer Zeit tatsächlich durch eine riesige Sardine verstopft gewesen war, sei dahin gestellt.
Unten Eine wahre Oase des Friedens: die Felsbucht Niolon.

Martigues und die *Côte bleue*

Die am Strandsee *Etang de Berre* gelegene Stadt Martigues wird aufgrund ihrer vielen Brücken und sieben Häfen auch „Venedig der Provence“ genannt. Ihre drei Stadtteile – Jonquières im Süden, die Insel (oder Brescon-Insel) in der Mitte und Ferrières im Norden – bilden drei Kleinstädte, die an die Zeit erinnern, als diese noch autonome Gemeinden waren. Martigues ist stolz auf ihre Traditionen, Bräuche und gastronomischen Spezialitäten. Ihre *Poutargue*, eine geräucherte, salzige

Delikatesse aus Meerbarben-Rogen, wird auch gerne als „Kaviar aus Martigues" angepriesen.

Die *Côte bleue* zwischen Martigues und Marseille ist ein abwechslungsreicher Küstenstrich von unbeschreiblichem Zauber. Hier wechseln sich Felsbuchten, Sand- und Kieselstrände, Klippen und zerklüftete Landzungen miteinander ab. Die Felsbucht Niolon und ihr weltentrückter Fischereihafen, die malerischen Orte Ensuès-la-Redonne und Les Figuières laden zur Besichtigung in beschaulicher Ruhe. Soweit mitten im August von Ruhe die Rede sein kann!

Ausgesprochen lebhaft geht es hingegen in den Orten Carry-le-Rouet, Sausset-les-Pins, La Couronne und Carro zu.

Die Eisenbahnstrecke Marseille-Miramas feiert bald ihr hundertjähriges Bestehen. Der Zug der *Côte bleue* eignet sich bestens zur Erkundung dieses reizenden Küstenstrichs der Provence. Brücken, Tunnel, Felsbuchten und nette Urlaubsorte säumen die Strecke, die so manch atemberaubenden Ausblick bietet.

Oben

Das „Venedig der Provence": die Stadt Martigues mit ihrem Kanal Saint-Sébastien.

Unten

Am schönen Strand La Couronne belieben sich die Einwohner von Marseille am Wochenende zu vergnügen.

Oben
Erhaben wacht Notre-Dame-de-la-Garde, auch „gute Mutter" genannt, über den Hafen und Marseille, die stolze Herrscherin über das weite Meer.

Marseille, „stolze Herrscherin über das weite Meer"

Um der mysteriösen und legendenumwobenen Stadt Marseille auf den Grund zu gehen, sollten Sie zunächst sämtliche Klischees beiseite kehren. Denn viele verbinden mit ihr übertrieben fröhliche Operettenhelden, joviale, dickbäuchige Schausteller à la Pagnol oder Gangster und Schwerverbrecher aus der Zeit, als Marseille noch Klein-Chicago genannt wurde. Doch Marseille ist wesentlich tiefgründiger. Die weltoffene, multikulturelle Stadt besitzt ein kolossales Kulturgut und zahlreiche Naturschätze, die mit den eingefahrenen Vorstellungen wenig gemein haben und eine eingehende Betrachtung verdienen.

Die Entstehung der Stadt geht auf eine Legende zurück, als hier an der Küste im 6. Jh. vor Chr. Phönizier angelegt haben sollen. Gyptis, die Häuptlingstochter des hiesigen Ligurenstammes, war auf der Suche nach einem Gemahl. Ihre Wahl fiel auf den Phönizier Protis. Aus dieser Allianz zwischen dem Land- und dem Seevolk ging die Stadt *Massalia* hervor, die im Anschluss an die Vermählung des Liebespaares gegründet wurde.

Links: Der Marseiller Handelshafen, in dem das geschäftige Treiben nie abzureißen scheint.

Nach einer langen und bewegten Geschichte beschließt Ludwig XIV. im Jahre 1666 den Ausbau der antiken Stadt: Das Fort Saint-Jean wird vergrößert und das Fort Saint-Nicolas errichtet. Mehrere Immigrantenströme lassen Marseille anwachsen: Franzosen aus Algerien im Jahre 1962, gefolgt von Nord- und Schwarzafrikanern in den 1970er Jahren. Denn wie bereits der Schriftsteller Blaise Cendrars beteuerte, gehört Marseille den von

weit Hergereisten. Laut Albert Londres zählt ihr Hafen zu „den Herrschern über das weite Meer".

Auf die zunächst chaotische Urbanisierung folgt eine geglückte Rehabilitierung des Stadtbilds. Bauwerke werden restauriert und im Sommer 2007 ein Straßenbahnnetz in Betrieb genommen.

Linke Seite oben
Von der Anhöhe der Basilika Notre-Dame bietet sich ein atemberaubender Ausblick auf den öffentlichen Hafen. Seitlich ist die Silhouette der Kathedrale de la Major zu erkennen.

Oben Das prächtige Kongressgebäude Palais du Pharo.

Unten Der prächtige Rundturm Fanal des Fort Saint-Jean (links). Die „Cité Radieuse", ein vom Architekten Le Corbusier entworfener Wohnkomplex, der im Jahre 2005 sein 50jähriges Bestehen feierte (rechts).

Mehrere sakrale Bauwerke verdienen besondere Beachtung, so z. B. die Basilika Notre-Dame-de-la-Garde, die von den Einwohnern liebevoll „Bonne Mère“ getauft wurde, die im Jahre 1897 erbaute imposante Kathedrale de la Major sowie das Kloster Saint-Victor, das erhaben über den alten Hafen Vieux-Port wacht. In den 20 städtischen Museen sind Steingutsammlungen, Gemälde, archäologische Funde und Kunstobjekte verschiedener Naturvölker zu bewundern.

Oben

Nach einer kleinen „Bergbesteigung“ wird Ihre Mühe mit dem prächtigen und farbenfrohen Innendekor der Basilika Notre-Dame-de-la-Garde belohnt.

Links

Die zwischen 1852 und 1893 erbaute Kathedrale de la Major oder Basilika Sainte-Marie-Majeure.

Marseille ist ein unvergleichliches Mosaik aus sage und schreibe 111 Stadtteilen, wobei jedes Viertel ein eigenständiges Dorf mit seinen besonderen Merkmalen bildet. Zu den bemerkenswertesten zählt das einst als heißes Pflaster verschrieene Viertel **Panier** auf der Anhöhe des Vieux-Port, das heute mit Erfolg seinen Wandel zu einem schmucken Stadtteil vollzieht. Charme aus einer vergangenen Zeit besitzt das Viertel **Belle-de-Mai** hinter dem Bahnhof Saint-Charles, in dessen ehemaliger Tabakmanufaktur „La Friche“ ein ausgesprochen dynamisches Kulturzentrum seinen Sitz bezog. Im Norden der Stadt liegt das Hafenviertel **Estaque** mit seinen malerischen Gassen, das bereits Cézanne, Braque und Dufy entzückte und sicherlich auch Sie bezaubern wird.

Oben Der Prado-Blumenmarkt und das malerische Viertel Panier auf den Anhöhen des Vieux-Port.
Unten Das Hafenviertel Estaque, das bereits Cézanne und Dufy betörte.

Oben
Vom Hafen Vieux-Port setzen Boote zur Insel Frioul über.

Unten
Das Château d'If, das durch Alexandre Dumas' Roman *Der Graf von Monte Christo* zu Berühmtheit gelangte.

Die Inseln

Mit dem Boot ab dem Hafen Vieux-Port sind das Taucherparadies und die Insel Frioul sowie die Insel If zu erreichen. Das berühmte *Château d'If* wurde von Alexandre Dumas in seinem Roman *Der Graf von Monte Christo* verewigt, indem er hier seinen Helden Edmond Dantes einsperren ließ: „Diese Festungsinsel, die seit 300 Jahren Marseille mit ihren schaurigen Traditionen unterhält…"

Felsbuchten von urwüchsiger Schönheit

Trotz des offensichtlichen Großstadtcharakters besteht der Großraum Marseille zur Hälfte (sprich 240 km^2) aus Naturgebiet. Das reizende Dorf Les Goudes und der Hafen Callelongue ganz am Ende der Stadt bestechen durch ihre weltentrückte Idylle. Von hier erstreckt sich über 57 km von Marseille bis nach Cassis die Südküste mit ihren entzückenden Felsbuchten (frz. calanques), die zu Fuß oder mit dem Boot erkundet werden können. Auf 20 km fällt die zerklüftete Steilküste aus Kalkstein ins Mittelmeer ab. Zu ihren bekanntesten Felsbuchten zählen Sormiou mit ihrer zwischen 1985 und 1991 freigelegten Grotte Cosquer, Morgiou, Port-Miou, Sugiton und En-Vau. Neben breitblättrigem Strandflieder und bunter Kronwicke gedeihen hier an die 900 Pflanzenarten. Unter den zahlreichen Möwen und Meisen kann man mit etwas Glück auch Falken und Adler am strahlenden Himmel kreisen sehen.

Oben Um sich ein vollständiges Bild von Marseille zu verschaffen, muss man die bezaubernde Südküste mit ihren malerischen Felsbuchten erkunden. Hier der Aussichtspunkt der Felsbuchten Morgiou und Sugiton.

Unten Die Felsbucht En-Vau.

Cassis am Cap Canaille und der Fischereihafen La Ciotat

Um von Marseille zum Fischereihafen **Cassis** zu gelangen, empfiehlt sich ein Spaziergang längs des Zöllnerpfads oder eine Fahrt mit dem Auto längs der herrlichen gewundenen Küstenstraße über La Gineste. Doch den schönsten Ausblick auf die hellen Klippen und das kristallklare Wasser bietet ohne Zweifel das Meer. Bei der Ankunft fällt zunächst das majestätische Cap Canaille ins Auge, das den malerischen Fischereihafen mit seinen vielen Gassen, Treppen und niedrigen Altstadthäusern überragt. Weinberge

und Olivenhaine schmiegen sich um den reizenden Ort.

In etwa 12 km Entfernung liegt der Fischereihafen **La Ciotat**, der im Altertum *Citharista* hieß und dessen schöne Bauwerke den Dichter Lamartine inspirierten. Er beschrieb die „vollendete Schönheit" des Ortes „in der Harmonie der Elemente vergleichbar mit der den Lebewesen innewohnenden Harmonie".

Linke Seite oben
Der malerische Fischereihafen La Ciotat, vormals *Citharista*, besitzt sehenswerte Bauwerke.

Linke Seite unten
Aus dem „Stadtbild" von La Ciotat nicht wegzudenken: die einfachen, bunt bemalten Boote aus Holz.

Oben
Der Fischereihafen Cassis in der Abenddämmerung.

Unten
Ein besonders pittoreskes Bild geben die Bucht von Cassis und die bergige Küstenstraße ab.

Das magische *Vallis Clausa*

Avignon, Hauptstadt des Christentums

Die für ihre Brücke und ihr Festival weltbekannte Stadt Avignon verdient unleugbar das Interesse, das ihr Jahr für Jahr etwa 1,5 Mio. Besucher entgegen bringen.

Linke Seite Der kolossale gotische Papstpalast hält uns die Zeit vor Augen, als Avignon Hauptstadt des Christentums war.

Unten Blick auf den Papstpalast von der Rhône-Insel La Barthelasse.

Zwischen 1305 und 1403 war nicht Rom sondern die schöne Vaucluse-Stadt Residenz der Päpste. Nach dem Abzug der kirchlichen Oberhäupter blieb sie weiterhin im Besitz des Heiligen Stuhls. Erst im Laufe der Französischen Revolution ging sie wieder an Frankreich über.

Den Anstoß zu ihrer Verwandlung gab Papst Clemens V., gefolgt von Johannes XXII., Benedikt XII. und ihren Nachfolgern. Insgesamt regierten hier 7 Päpste und 2 Gegenpäpste. Ihre Präsenz an den Ufern der Rhône prägten die gewaltigen Umbrüche der Stadt, sei es in architektonischer,

Oben Der hochinteressante Besichtigungsparcours folgt den Spuren der verschiedenen Päpste. Hier abgebildet ist der Saal des Konsistoriums.

Unten
Der prächtige Saal *Grand Tinel* und das päpstliche Gemach mit wunderschönen Wandmalereien.

demografischer, wirtschaftlicher oder kultureller Hinsicht. Aus dieser Zeit besitzt Avignon eine unerhörte Fülle an Zeugen.

Allen voran rangiert natürlich der kolossale und mysteriöse Papstpalast. Dieses „in nur" 20 Jahren erbaute größte gotische Bauwerk der Welt wartet auf 15.000 m² mit unzähligen Kapellen, Sälen und Treppen auf. Unter seinen vielen Schätzen seien hier nur der „Hirschsaal" *Chambre du Cerf* genannt, der schöne Gemälde mit Jagdszenen besitzt, die Kapelle Saint-Martial mit Fresken von Giovannetti sowie die Fayencen im päpstlichen Gemach. In jedem Fall lohnt sich die „Besteigung" der Terrasse *Les Hauts-Dignitaires* (Hohe Würdenträger), die einen atemberaubenden Ausblick auf die Stadt bietet.

In einigen Hundert Metern Entfernung überspannen mehrere Brücken die Rhône, die ins benachbarte Gard-Département führen. Doch wenn von der berühmten „Pont d'Avignon" die Rede ist, ist die Brücke Saint-Bénezet

Oben Sieben Päpste und zwei Gegenpäpste regierten in Avignon, darunter Papst Gregor XI. zwischen 1370 und 1378.

Unten
Die Grünanlage *Jardin des Doms* neben der Kathedrale Notre-Dame-des-Doms.

Oben
Für die Einwohner Avignons ist es die Brücke Saint-Bénézet, für alle anderen aber die um einige Brückenbogen beraubte „Pont d'Avignon" des weltbekannten Bänkellieds.

Unten
Der Teich des Stadtparks *Jardin du Rocher des Doms*, auf dem sich bisweilen Wildenten tummeln (links). Bischofssitz (Auszug) der Kathedrale Notre-Dame-des-Doms (rechts).

gemeint, die angeblich von einem Hirten aus Ardèche gebaut wurde. Diese stark verwitterte, nur noch auf halber Länge vorhandene Brücke führt nirgendwo hin, denn sie ist gerade wegen ihrer fehlenden Brückenbogen so berühmt.

Dennoch wird sie gerne von Touristen in Beschlag genommen, welchen wohl dabei das bekannte Bänkellied durch den Kopf gehen mag.

An dieser Stelle sei daran erinnert, dass nicht auf der Brücke, wie das Lied behauptet, sondern wohl vielmehr unter der Brücke getanzt wurde.

Damit aber endet Ihre Besichtigung der Papststadt noch lange nicht. Auch das einzige romanische Bauwerk, die Kathedrale Notre-Dame-des-Doms, über die eine güldene Madonna wacht, sowie die angrenzende Grünanlage, die prähistorische Geburtsstätte der Stadt, wollen besichtigt werden. Museumsfreunde kommen ebenfalls auf ihre Kosten: Gemälde von Van Gogh, Manet und Daumier erwarten Sie in der *Fondation Angladon-Dubrujeaud*, das Museum Louis-Vouland widmet sich dem Art déco, das Museum Petit-Palais den italienischen Malern der Frühromanik und im Hôtel Caumont sind unter der eher bekannten Bezeichnung Lambert-Sammlung zeitgenössische Meisterwerke ausgestellt.

Der Überblick über diese facettenreiche Stadt wäre nicht vollständig,

Oben
Das in einem Wohnhaus eingerichtete Museum Angladon-Dubrujeaud stellt Kunstmobiliar und Sammlungen des Mäzens Jacques Doucet aus, die u. a. Werke von Modigliani, Manet und Van Gogh zeigen.

Unten
Gegenüber dem Papstpalast liegt das *Hôtel de la Monnaie*, in dem sich lange Zeit die städtische Musikhochschule befand.

Links
Unter den Festivals von Weltrang rangiert das 1947 unter der Bezeichnung „Kunstwoche" gegründete Theaterfestival von Avignon, das jedes Jahr im Juli das Herz der Stadt entflammt.

Unten
Das dem Festivalgründer Jean Vilar gewidmete Haus stellt legendäre Kostüme aus, so z. B. das Theaterkostüm von Gérard Philipe, das er als Hauptdarsteller des *Cid* trug.

ohne das Theaterfestival zu erwähnen, das Avignon zu einem wahren Zentrum für Bühnenkünste macht, seitdem der aus Sète stammende Schauspieler und Theaterleiter Jean Vilar an einem Septembertag im Jahre 1947 die Stadt auserkor, um hier seine Theaterwoche abzuhalten. Jedes Jahr im Juli werden ab den frühen Morgenstunden und bis in die späte Nacht an die 900 Vorführungen geboten, die klassisches und modernes Theater, Zirkusnummern, Marionettenspiele, Satire und Tanz von Künstlern aus aller Welt darbieten.

Oben
Am anderen Rhône-Ufer liegt die entzückende mittelalterliche Stadt Villeneuve-lèz-Avignon mit ihrem Fort Saint-André.

Unten
Der Turm Philippe-Le-Bel zählt zu den Wahrzeichen der Stadt.

Die Schwesterstadt Villeneuve

Villeneuve liegt zwar in einem anderen Département (Gard) und in einer anderen Region (Languedoc-Roussillon). Und doch trennen nur eine Brücke und einige Kilometer diesen Ort von Avignon. Somit spiegeln sich beide Schwesterstädte in der Rhône wider.

Als König Ludwig VIII. im Jahre 1226 Avignon belagerte, unterzeichnete der Vorsteher des Klosters Saint-André einen Vertrag, der den König Frankreichs zum Mitregenten über das Gebiet machte. 70 Jahre später wurde dieser Vertrag durch Philipp den Schönen bekräftigt.

Die friedliche Stadt Villeneuve mit ihren zahlreichen Palästen, Klöstern, Festungsanlagen und von schönen Steinbauten gesäumten engen Straßen lohnt wahrlich einen Abstecher ans andere Rhône-Ufer. Keinesfalls auszulassen sind das Kloster und das Fort Saint-André, dessen Terrassen zwischen den Zwillingstürmen einen unvergleichlichen Ausblick auf das Umland bieten, der Turm Philippe-le-Bel und das Kartäuserkloster Val-de-Bénédiction. In diesem europaweit größten Bauwerk des Ordens befindet sich heute der Sitz des *Centre national d'écritures du spectacle*.

Der bezaubernde Gebirgszug Luberon

„Ein altes, verschlissenes Gebirge, das von Regen, Wind, Schnee und dieser unerklärlichen Reibung zwischen Himmel und Erde gezeichnet ist, welche die irdischen Formen elektrisiert und zu herausragenden Orten werden lässt."

Linke Seite
Über dem reizenden Dorf Lacoste thronen die Ruinen des Schlosses, das einst dem Marquis de Sade gehörte. Sein heutiger Besitzer ist kein anderer als Modeschöpfer Pierre Cardin.
Unten
Das Dorf Oppède-Le-Vieux in idyllischer Lage.

So beschrieb Henri Bosco den Luberon, den er zu seiner Heimat auserkor. In Lourmarin können Sie das reizende Landhaus und das Grab des Autors, der u.a. *Die schlafenden Wasser* verfasste, besichtigen.

Der Luberon mag zwar alt und verschlissen sein, doch gewiss auch majestätisch. Das imposante Massiv erstreckt sich über etwa 60 km von Cavaillon im Westen (Vaucluse) bis Manosque im Osten (Alpes-de-Haute-Provence).

Die Schlucht von Lourmarin trennt den kleinen Luberon vom großen, wo der Mourre Nègre auf 1.125 m den

Oben
Ein Lavendelfeld bei Viens (links).
Der römische Rundbogen von Cavaillon am Fuße der Anhöhe Saint-Jacques (rechts).

höchsten Punkt erreicht. Das zerklüftete Relief des Petit Luberon kontrastiert mit den massiven rundlicheren Formen des Grand Luberon. Der Gebirgszug wird von zwei Flüssen gesäumt: die Durance im Süden und den Calavon im Norden. Dieses entzückende Gebiet besteht aus abwechslungsreichen Landstrichen, die mit Lavendel, Wäldern, Weinstöcken, Hügeln aus Kalkstein und Ockerfelsen übersät sind. Hier und da sind Spuren menschlicher Präsenz in Form von niedrigen Mauern und Bruchsteinhütten, Landhäusern und auf Felsen thronenden Dörfern anzutreffen. Erkunden Sie den Luberon zu Fuß, mit dem Rad oder – warum nicht – hoch zu Ross.

Cavaillon, der Obstgarten der Provence

Das malerische Dorf Cavaillon am „Eingang“ zum Luberon liegt am Fuße der Saint-Jacques-Anhöhe, ein Kalksteinmassiv (Urgon), das sich über die Niederung der Durance erhebt. Von Platanen gesäumte Plätze und gemütliche Terrassen tragen zum provenzalischen Charme dieses reizenden Ortes bei, der einige herrliche Sehenswürdigkeiten birgt.

Besonders bemerkenswert ist seine Synagoge aus dem 18. Jh. Dieses Prachtexemplar der jüdischen Kunst besitzt eine schöne Kanzel und ein Museum, das sich dem in der Comtat-Region verankerten Judaismus widmet. Die Kathedrale Saint-Véran besticht ihrerseits durch einen Kreuzgang aus dem 14. Jh. und Kapellen mit schönen Gemälden der Brüder Mignard.

Cavaillon ist aber auch bekannt für seine Landwirtschaft und insbesondere den Obstanbau. Zu den hiesigen schmackhaften Erzeugnissen zählen Melonen, Öl und Oliven, die von den Olivenhainen der Saint-Jacques-Anhöhe stammen. Die Besteigung dieser Anhöhe sollten Sie nicht scheuen, denn Ihre Mühe wird mit einem betörenden Ausblick auf das Dorf, den Gebirgszug Alpilles, den Luberon und den Mont Ventoux belohnt.

Unweit der Straße, die von Cavaillon zur Aigues-Ebene führt, liegt der Ort **Mérindol**, den die Waldenser im 16. Jh. zu ihrer Zufluchtsstätte machten. Hier erinnert ein Mahnmal an die schrecklichen Verfolgungen, welchen die Laienbruderschaft ausgesetzt war.

Unten
Das Dorf erstreckt sich bis in die Durance-Niederung.

Oben
Das Mahnmahl von Merindol erinnert an die Opfer der schrecklichen Waldenser-Verfolgungen im 16. Jh.

Oben
Ansouis zählt zu den schönsten Dörfern Frankreichs. Besondere Aufmerksamkeit verdient das herzogliche Schloss.

Unten
Die Überreste des Schlossen von La Tour-d'Aigues, das während der Französischen Revolution einen hohen Tribut leistete.

Zwischen Aigues-Ebene und Grand Luberon

Dieser wunderschöne Landstrich mit seinen urtümlichen Dörfern zog zahlreiche Künstler, Maler und Schriftsteller in seinen Bann.

In **La Tour-d'Aigues** erwarten Sie ein vom Italiener Ercole Nigra erbautes Schloss und ein Steingutmuseum, in **Ansouis** ein herzogliches Schloss, das sich seit dem 13. Jh. im Besitz der namhaften Familie Sabran befindet, und im ehemaligen Korbmacher-Dorf **Cadenet** die Statue von André Estienne, die den Beinamen Tambour d'Arcole erhielt.

Es folgen **Vaugines** mit seiner hübschen Kirche und die putzigen Dörfer **Lauris** und **Cucuron** in mutiger Hanglange. Das auf einem Felsvorsprung thronende Dorf Lauris besitzt schöne Häuser und Brunnen sowie einen Garten mit Färbepflanzen. Hier erfahren Sie alles Wissenswerte über die erstaunliche Färbekraft der Färberröte, Indigopflanze und vielen anderen Arten.

In seinem Roman *Briefe aus meiner Mühle* erwähnt Daudet das Dorf Cucugnan und seinen Abt Martin. Einige meinen, der Autor habe sich vom Dorf Cucuron inspiriert, andere wiederum glauben, es handle sich dabei um das Dorf Cucugnan im Département Aude.

Oben
Das entzückende Dorf Cucuron, das gewissen Kennern zufolge den Autor der *Briefe aus meiner Mühle* zu seinem Abt Martin inspiriert haben soll.

Unten
Das Dorf Lauris besticht durch seine in Terrassen angelegten Gärten und Färbepflanzen.

Oben
Brunnen und malerische Häuser zieren die Gassen des romantischen Dorfs Lauris.

Unten
Nicht weniger reizvoll ist das am Fluss Durance gelegene Dorf Cadenet mit seiner Statue „Tambour d'Arcole".

Hier wird jedes Jahr im Mai zu Ehren des Heiligen Tulle, der im ausgehenden 17. Jh. die Pestepidemie bezwang, von den stärksten Männern des Dorfes die größte Pappel des Umlands gefällt. Dann wird der Stamm, auf den sich ein Junge des Dorfes setzt, zur Kirche getragen und vom Pfarrer geweiht.

Ihre Reise durch den Grand Luberon sollte im Dorf **Lourmarin** enden, das für seine drei Türme (Glockenturm, Tempel und Kirche) bekannt ist. Die Einwohner des Ortes wissen, was sie Robert Laurent-Vibert, einem Industriellen aus Lyon, schulden. Dieser gebildete Kunstliebhaber

rettete das Schloss des Dorfes vor dem Ruin, indem er das seit der Revolution vernachlässigte Bauwerk restaurieren ließ. Der ältere gotische Schlossbereich wird mit den Renaissance-Gebäuden durch eine prächtige Wendeltreppe verbunden. Unter der Schirmherrschaft des großzügigen Mäzens verwandelte es sich in eine Art provenzalische Medici-Villa, in der eine kunstfördernde Stiftung Gastkünstler (Musiker, Maler und Schriftsteller) empfängt.

Lourmarin ist ebenfalls die Heimat vieler Schriftsteller, in der sich u. a. Henri Bosco und Albert Camus niederließen. Sie können das Landhaus von Bosca besichtigen doch das Haus von Camus mit seinen grünen Fensterläden und der runden Terrasse nur von weitem betrachten, da es noch von seiner Tochter Catherine bewohnt wird. In den Schriften von Camus ist die Rede von diesem „ernsten und strengen Landstrich von wenngleich umwerfender Schönheit".

Die beiden berühmten Autoren wurden auf dem Friedhof des Dorfes bestattet. Ihre Gräber beeindrucken durch ihre vollkommene Schlichtheit.

Die Schlucht von Lourmarin, eine Route von urwüchsiger Schönheit, führt Sie nach Bonnieux und in den Petit Luberon mit seinen Bergspitzen, Felsen und Bergdörfern, die unbestreitbar zu den schönsten Dörfern der Provence zählen.

Oben Ein wunderschöner „Grüngürtel" umgibt das Dorf Lourmarin, das wie viele Nachbarorte im Luberon mit Stolz auf das begehrte Label „Schönste Dörfer Frankreichs" verweisen kann.

Unten Zu den vielen Prunkstücken des Ortes zählt das Schloss. Eine schöne Wendeltreppe verbindet den gotischen Schlossbereich mit den Renaissance-Gebäuden.

Oben
Die pyramidenförmige Silhouette des Dorfes Bonnieux in sanftem Sonnenlicht. Einst diente dieser Ort den Tempelrittern als Komturei.

Unten
Einige Kilometer weiter liegt das Dorf Lacoste.

Bonnieux, Lacoste, Ménerbes, Oppède

Das ehemalige Oppidum **Bonnieux** diente vermutlich bis zum 14. Jh. den Tempelrittern als Komturei. Später ging es in päpstlichen Besitz über, bevor es im ausgehenden 19. Jh. wieder Frankreich angeschlossen wurde. Hinter der pyramidenförmigen Silhouette des Dorfes verbergen sich prächtige Stadttore und in den Fels gehauene Passagen. Auf dem Gipfel thront die halb romanische, halb gotische Alte Kirche. Um ihr schönes Gemäuer zu bewundern, müssen Sie jedoch zunächst etwa 80 Stufen erklimmen. Die Mühe lohnt. Denn von hier bietet sich ein umwerfender Ausblick auf die Felder der Calavon-Niederung, die Vaucluse-Berge und den Mont Ventoux.

Angenehme Erfrischung finden Sie im etwa 2 km entfernten Zedernwald, der um 1860 in 700 m Höhenlage angepflanzt wurde. Die aus dem mittleren Atlasgebirge Algeriens stammende Zedernart scheint sich hier ausgesprochen wohl zu fühlen. Der beeindruckende 250 ha große Wald folgt auf 5 km dem Lauf der Bergkämme.

Ab Bonnieux weist Ihnen die Landstraße D3 die Richtung, die zu drei weiteren entzückenden Dörfern führt.

Allen voran das malerische Dorf **Lacoste** mit seinen stufenartig ange-

legten Häusern, die von den Ruinen des Schlosses des Marquis de Sade überragt werden. Der Verfasser der *Philosophie im Boudoir* verbrachte hier 7 Jahre, bevor er als Gefangener in der Bastille landete. Angeblich habe er hier die Inspiration zu seinem Roman *Die 120 Tage von Sodom* gefunden. Vom prächtigen Bau, den der Marquis im Renaissance-Stil dekorieren ließ, blieb nach der Revolution nicht viel übrig. Das begonnene kolossale Renovierungsprojekt wird wohl einige Zeit in Anspruch nehmen.

Der vor einigen Jahren vom Modeschöpfer Pierre Cardin aufgekaufte Sitz ist heute Austragungsort eines hoch geschätzten Festivals. Jedes Jahr im Sommer werden vor der alten Steinkulisse unter sternenklarem Himmel Opern- und Theaterstücke aufgeführt.

Weit weniger spannend ist die Geschichte des friedlichen, sonnendurchfluteten Dorfes **Ménerbes**, das von zwei Festungen flankiert wird: die Zitadelle und die Burg Castellet. Der Maler Nicolas de Staël und die Fotografin und Malerin Dora Maar (*Picassos Geheimnisvolle Muse*) waren derart hingerissen von diesem Ort, dass sie sich hier niederließen. Der Brite Peter Mayle verfasste in Ménerbes seine amüsante Chronik *Mein Jahr in der Provence*, die einige Jahre später in Hollywood verfilmt wurde.

5 km weiter westlich liegt **Oppède-le-Vieux**. Die kuriose Geschichte des Bergdorfs beginnt als mittelalterliche Festung, die über das Gebiet Comtat Venaissin wachte. Im 16. Jh. dehnte sich das Dorf aus. Doch danach geriet es zusehends in Vergessenheit. Die friedlich dahin schlummernde Altstadt, die kürzlich restaurierte Stiftskirche Notre-Dame-d'Alidon und die Burgruinen strahlen einen unbestreitbaren Charme aus.

Oben
Zwei Festungen wachen über das idyllische Dorf Menerbes.

Unten
Das herrliche Licht und die beschauliche Ruhe von Menerbes zogen zahlreiche Künstler an, darunter Nicolas de Staël und Dora Maar (links). In Oppède empfiehlt sich der Besuch der kürzlich instand gesetzten Stiftskirche Notre-Dame d'Alidon (rechts).

Apt und das Umland, Gaumenschmaus und Augenweide

Nicht ohne Grund verglich die Marquise de Sévigné den Ort mit einem „brodelnden Konfitürenkessel“, denn schließlich ist die Rede von der Hauptstadt der kandierten Früchte. Die Tradition geht auf das späte 14. Jh. zurück, als im Umland von Apt mit seiner Fülle an Pfirsich-, Birnen-, Apfel- und Aprikosenbäumen in riesigen Kesseln Obst, Zucker und Honig zu köstlichen Leckerbissen verarbeitet wurden. Im späten 19. Jh. vollzog sich die Entwicklung von der handwerklichen zur industriellen Fertigung. Noch heute werden jedes Jahr etwa 14.000 t dieser köstlichen kandierten Früchte produziert und in alle Welt exportiert.

Apt, die Festungsstadt des Luberon mit ihrem sehenswerten Naturkundemuseum *Maison du Parc*, ist ein wichtiger Knotenpunkt, denn sie ist unumgängliche Passage zwischen der Vaucluse-Hochebene und dem Département Alpes-de-Haute-Provence.

Oben

In Apt, der Hauptstadt der kandierten Früchte, lädt die Fußgängerzone zu einem gemütlichen Bummel. Hier die *rue des Marchands* (oben) und die Krypta der Kathedrale (unten).

Rechte Seite

Jean Vilar fasste den unwiderstehlichen Charme des Dorfes Roussillon in Worte, indem er den Ort *rotes Delphi* taufte. Die leuchtenden Rot-, Ocker- und Gelbschattierungen erklären seinen besonderen Zauber.

Über Apt erreichen Sie ebenfalls die berühmten Ockerbrüche, wo Sie von der Welt der Genüsse in die Welt der Farben eintauchen.

Schwer in Worte zu fassen ist der Zauber, der vom Dorf **Roussillon** ausgeht, das Jean Vilar, der Gründer des Festivals von Avignon, *das rote Delphi* nannte. Sein Glockenturm und sein Geflecht aus malerischen Gassen, Plätzen und Torbogen werden Sie begeistern. Das Sonnenlicht lässt die Mauern, Dachziegel, Wege und Felsen in den leuchtenden Farben der Provence erstrahlen: Karminrot, Gelb, Rosa...

Oben Nur ein Katzensprung von der Dorfmitte entfernt beginnt der Besichtigungspfad, der durch den Ockerbruch führt.

Unten Weiter östlich liegt das „provenzalische Colorado" von Rustrel.

Bei Sonnenuntergang erreicht der Zauber seinen Höhepunkt.

Der Ocker wurde bereits in der Vorgeschichte benutzt und von den Römern, als diese die Provence besetzten, abgebaut. Die industrielle Nutzung des Ockers ist jedoch Jean-Etienne Astier zu verdanken, der im ausgehenden 18. Jh. dessen hervorragende Farbgebungseigenschaften entdeckte, indem er durch Waschen des Sandes dessen natürliche Farbstoffe extrahierte. Eine Legende führt die Farbe der hiesigen Erde auf ein Eifersuchtsdrama zurück. Wesentlich „einleuchtender" scheinen geologische Gründe. Westlich vom Ort liegt der Ockerbruch *Val des fées*, wo Sie über einen angelegten Pfad die erodierten Ockerfelsen in ihren prächtigen Farben bestaunen können. Im 1 km entfernten *Conservatoire des ocres* erfahren Sie alles Wissenswerte über die Geschichte, Herstellung und Verwendung der Ockerfarben. Weiter östlich ist bei Rustrel ein weiterer Ockerbruch zu besichtigen, bekannt unter der Bezeichnung **provenzalisches Colorado**.

Gordes, das in Fels gemeißelte Künstlerdorf

Die Maler Vasarely, Chagall, André Lhote und Pol Mara machten Gordes zu ihrem bevorzugten Aufenthaltsort. Kein Wunder, denn dieses auf einer Kalksteinspitze der Vaucluse-Berge errichtete Dorf liefert bereits von der Straße ein bezauberndes Bild. Im Ort selbst entzücken die gepflasterten Gassen und die, so scheint's, in den Fels gehauenen Häuser. Die imposante Burg aus dem 11. Jh. wurde im Renaissance-Stil umgebaut und von Vasarely restauriert. Ihr Eingang wird von zwei Rundtürmen mit Pechnasen flankiert und ihre Mauern über drei Stockwerke von Renaissance-Fenstern durchbrochen. Im Innern befinden sich eine schöne Wendeltreppe und ein unter Denkmalschutz stehender Kamin.

Unumgänglich bei Ihrer Erkundung des Umlands von Gordes ist der Besuch der Bories-Siedlung mit ihren wunderschönen hüttenähnlichen Bruchsteinkonstruktionen, Steinbacköfen und Weinbottichen. Die Sanierung der ab dem 14. Jh. erbauten und lange Zeit verlassenen Häuser erfolgte in den 1950er und 1960er Jahren.

Unten
Gepflasterte Gassen, in den Fels gemeißelte Häuser und eine einmalige landschaftliche Lage kennzeichnen das traumhaft schöne Dorf Gordes.

Oben
Die Bories-Siedlung mit ihren alten Bruchsteinkonstruktionen aus dem 14. Jh., die erfreulicherweise vor dem Zerfall gerettet wurden.

Oben
Das bezaubernde Zisterzienserkloster Sénanque umgeben von Lavendelfeldern.

Unten Kennzeichnend für die im Jahre 1148 gegründete Zisterzienserabtei ist das breite Langhaus aus drei Jochen und die fehlenden Kapitelle an den Säulen.

Das Zisterzienserkloster Sénanque

2 km nördlich von Gordes erreicht man über eine steile Route das Kloster Sénanque, das sich in einem von Lavendelfeldern übersäten Tal eingenistet hat. Das Bauwerk überrascht, denn es gehört neben den Abteien Thoronet und Silvacane zu den „drei provenzalischen Zisterzienserklöstern" und besitzt demnach die hierfür charakteristischen architektonischen Merkmale: breites Langhaus aus drei Jochen und Säulen ohne Kapitelle. Ihr Kreuzgang weist ein Tonnengewölbe

Das jüngste der drei provenzalischen Zisterzienserklöster wird noch heute von Mönchen bewohnt.

und - erstaunlicherweise - Kapitelle mit Blattornamentik auf.

Das Kloster wurde 1148 von Mönchen aus dem Ort Mazan der Vivarais-Region gegründet. Der Name des jüngsten der drei Klöster geht auf die lateinische Bezeichnung *sana aqua* (gesundes Wasser) zurück. Die Abtei Sénanque, die 1178 ihre Blütezeit erlebte, zahlte während der Religionskriege des 16. Jh. einen hohen Tribut.

Noch heute wird sie von Mönchen bewohnt.

Café belle vue
CAFE RESTAURANT
LE BELLEVUE

Sorgues-Region und Vaucluse-Berge

Linke Seite L'Isle-sur-la-Sorgue, bekannt unter der Bezeichnung „Venedig des Comtat", wurde im 12. Jh. mitten in einem Sumpfgebiet auf Pfählen errichtet.

Unten Fontaine-de-Vaucluse wurde lange Zeit Vaucluse-la-Fontaine genannt. Der Name des Départements Vaucluse geht auf die lateinische Bezeichnung *Vallis Clausa* (geschlossenes Tal) des Ortes zurück.

Fontaine-de-Vaucluse, das mysteriöse Schlundloch

Wie nur kann der Fluss Sorgue dem Schlundloch von Fontaine entspringen? Das Rätsel um diese am Fuße einer 230 m hohen Felsenwand gelegene Quelle, der ein brausender Fluss mit einer jährlichen Wasserführung von 630 Mio. m^3 entspringt, wurde niemals wirklich gelöst. Und dies trotz zahlreicher Tauchexpeditionen, die beim letzten Versuch im Jahre 1989 eine Tiefe von 308 m erreichten.

Die Quelle bietet ein magisches Schauspiel. Diesem Ort verdankt das Département Vaucluse übrigens seinen

Oben
Bisher ungelöst bleibt das Rätsel um das Schlundloch von Fontaine, wo sich die Quelle des Flusses Sorgue befinden soll.

L'Isle-sur-la-Sorgue, das Venedig des Comtat

Dieser im 12. Jh. mitten in einem Sumpfgebiet auf Pfählen errichtete Ort wuchs zu einer wichtigen Stadt des Gebiets Comtat Venaissin heran. Heute zieht das Dorf vor allem Trödler an. Etwa 300 Antiquitätenhändler zählt es das ganze Jahr, doppelt so viele an langen Osterwochenenden und um den 15. August.

Seine zahlreichen Kanäle brachten ihm den Beinamen „Venedig des Comtat" ein, obwohl weit und breit keine einzige Gondel zu sehen ist. Das

Unten Die mit Moos bewachsenen Schaufelräder von L'Isle-sur-la-Sorgue.

lateinischen Namen *Vallis Clausa* (geschlossenes Tal). So bezeichnete man Fontaine-de-Vaucluse bis 1946 mit Vaucluse-la-Fontaine.

Das gleichnamige 600-Sellendorf besitzt noch Spuren seiner zahlreichen Mühlen, von denen es bis zum ausgehenden 20. Jh. noch etwa 200 gab. In einer zu einem Museum umgewandelten Papierfabrik können Sie eine ehemalige Papiermühle bewundern.

Zwischen 1337 und 1353 zog sich an diesen stillen Ort der italienische Dichter Francesco Petrarca zurück, der in seiner Gedichtsammlung *Canzoniere* seiner Liebe zu Laura de Noves Ausdruck verlieh. Eine Museumsbibliothek hält sein Andenken in Ehren.

traditionelle Boot der Region heißt vielmehr *Nego-chin*, ein alter Flachkahn, der beim alljährlichen Schifferstechen im Juli zum Einsatz kommt.

Ebenfalls zum Stadtbild gehören die mit Moos bewachsenen Schaufelräder. Einst besaß L'Isle etwa 60 dieser Räder, die in den hiesigen Getreide- und Walkmühlen eingesetzt wurden. Damit beweist der Ort, dass er nicht nur Nutzen aus seinem grünen, frischen Wasser sondern auch aus dem Land zu ziehen wusste. Die Altstadt besitzt schöne Häuser mit Renaissance-Fassaden, Patrizierhäuser, malerische Gassen und Torborgen. Keinesfalls auslassen sollten Sie die prächtige Stiftskirche Notre-Dame-des-Anges aus dem 12. Jh, die im üppigen Barock-Stil des 17. Jh. neu aufgebaut wurde.

In vielen Werken pries der in L'Isle geborene Dichter René Char seine Heimat und seinen „Fluss, wo der Blitz endet und mein Haus anfängt". Ihm zu Ehren richtete die Stadt ein nach ihm benanntes Museum ein, das eine Dauerausstellung über den Dichter und temporäre Ausstellungen zeigt. In einigen Kilometern Entfernung lädt unweit der Gemeinde Le Thor ein Besichtigungsparcours zur Erkundung der im Jahre 1902 entdeckten Grotten von Thouzon.

Saumane, die Wiege des Marquis de Sade

Dieses malerische Bergdorf, dessen Name „Gipfel" oder „Eselin" bedeuten mag, besticht durch seine in Bruchstein-Terrassen angelegten Talmulden, die mit Olivenbäumen bepflanzt sind. Die gewundenen Straßen werden von reizenden Häusern und Brunnen geziert. Über dem Ort thront die Burg, die einst der Familie de Sade gehörte. Hier wuchs der für sein ausschweifendes Leben bekannte Marquis im Alter von 5 bis 10 Jahren heran... unter dem wachsamen Auge seines Onkels, des Abts Jacques de Sade.

Oben L'Isle ist bekannt für seine zahlreichen Volksfeste und Veranstaltungen, ob „schwimmende" Wochenmärkte auf den traditionellen Flachkähnen *Nego chin* (links) oder Trödelmärkte, die jedes Jahr Tausende Antiquitätenhändler aus dem In- und Ausland anziehen (rechts).

Unten Das Schloss Thouzon der Gemeinde Le Thor in malerischer Hügellage in der Ebene des Comtat Venaissin. Bei diesem Bauwerk handelt es sich um ein ehemaliges befestigtes Benediktinerkloster.

12

Das Comtat Venaissin – ein Land des Gesangs, der Freude und des Ruhmes

Linke Seite
Carpentras, die geografisch günstig gelegene Hauptstadt des Comtat Venaissin, besitzt schöne alte Plätze und pittoreske Straßen wie hier die *rue Calade*.

Carpentras, Hauptstadt des Comtat

Der aus dem Alpilles-Gebirge stammende Dichter Mistral sang ein Loblied auf dieses „für den Gesang, die Freude und den Ruhm geradezu vorbestimmte wind-, wasser- und sonnengetränkte Land“.

Carpentras ist die Hauptstadt des Comtat Venaissin. Von ihrem ehemaligen Festungswall aus dem ausgehenden 14. Jh. ist nur noch das 30 m hohe Stadttor *Orange* erhalten. Die Stadt profitiert von einer wahrlich günstigen Lage umgeben von hohen Bergen, Lavendelfeldern und fruchtbarem Flachland, das vom Fluss Auzon und dem Kanal Carpentras bewässert wird. Sie ist der ideale Ausgangspunkt Ihrer Erkundung des atemberaubenden Umlands mit seinen vielen unvergleichlichen Naturschätzen, wie der Mont Ventoux, das Sault-Gebiet und das Bergmassiv Dentelles de Montmirail.

Doch zuvor empfiehlt sich ein Rundgang durch die Stadt zur

Links:
Die Gefangenen am römischen Triumphbogen. Dieses einzige Bauwerk aus römischer Zeit entstand im 1. Jh. unter Kaiser Augustus, um des Siegs der Römer über die Barbaren zu gedenken.

Oben
Die schönen Rundbögen des Kulturzentrums La Charité in Carpentras (links) und die Kathedrale Saint-Siffrein (rechts) aus dem Jahre 1405.

Rechts
Zu den gastronomischen Schätzen der Stadt zählen die tetraederförmigen bunten Fruchtbonbons Berlingots.

Besichtigung ihrer verschlungenen Gassen, prächtigen Patrizierhäuser aus dem 17. und 18. Jh. und Plätze. Denn die Altstadt von Carpentras besitzt noch zahlreiche Zeugen aus ihrer ruhmreichen Vergangenheit. Im 5. Jh. war der Ort Sitz eines der Stadt Arles angeschlossenen Bistums, dann im frühen 14. Jh. Residenz der päpstlichen Legaten, die das Comtat-Gebiet bis zu dessen Eingliederung in das Département Vaucluse im Jahre 1793 verwalteten.

Carpentras bot einst den Juden Schutz, die von König Philipp dem Schönen aus dem französischen Königreich verjagt wurden. Die im 15. Jh. erbaute und bis heute aktive Synagoge erinnert noch an diese Zeit. Zusammen mit der Synagoge von Cavaillon stellt sie die älteste hebräische Kultstätte des Comtat dar.

Besonders sehenswert sind ihr Mobiliar und ihre Kultgegenstände.

Der Ort will zu Fuß besichtigt werden, denn hier jagt eine Sehenswürdigkeit die andere. Unumgänglich ist der Besuch des Hospiz oder *Hôtel-Dieu* am place Aristide-Briand. Höhepunkt Ihrer Besichtigung bildet die alte Apotheke aus dem 18. Jh. mit ihrer beeindruckenden Sammlung aus Fläschchen und Gefäßen aus provenzalischem Steingut. Die Entstehung dieses Bauwerks ist dem ehrenwerten und selbstlosen Bischof d'Inguimbert zu verdanken, der ebenfalls die Bibliothek Inguimbertine bauen ließ. Ihr Bestand umfasst 220.000 Bücher und Werke zahlreicher Talente, so z. B. des aus Aix stammenden Astronomen, Astrologen und Numismatikers Nicolas-Claude Fabri de Peiresc.

Die Glocken der Kathedrale Saint-Siffrein, die sich lautstark Gehör verschaffen, sind nicht der einzige Reiz des im Jahre 1405 entstandenen Bauwerks. Auch der geschnitzte, mit Blattgold verzierte Chor im Barockstil des 17. Jh., Glasmalereien aus dem 15. Jh. und das Triptychon der *Krönung der Jungfrau Maria* von Enguerrand Quarton verdienen Ihre Aufmerksamkeit. Unweit von hier wurden in einem Gebäude das Heimatmuseum *Musée comtadin* und das Kunstmuseum *Duplessis* mit seiner schönen Gemäldesammlung untergebracht. Im Museum *Sobirats*, das in einem Patrizierhaus aus dem 18. Jh. eingerichtet ist, sind Wandteppiche aus Aubusson, Steingut, Gemälde und Möbel im Empirestil zu begutachten.

Oben
Das Krankenhaus Hôtel Dieu, in dem sich eine alte Apotheke aus dem 18. Jh. mit einer beeindruckenden Sammlung aus Steingutgefäßen befindet.

Besondere Erwähnung verdient ebenfalls die Spezialität der Stadt. Gemeint ist das weißgestreifte, tetraederförmige Fruchtbonbon Berlingot. Sie sollten Carpentras keinesfalls verlassen, ohne von diesen grünen, roten und gelben Bonbons mit ihrem fruchtigen Anis-, Erdbeer- und Zitronengeschmack gekostet zu haben.

Die reizenden Dörfer der Comtat-Ebene

7 km südlich liegt inmitten eines fruchtbaren Flachlands das Städtchen **Pernes-les-Fontaines,** dem Carpentras im Jahre 1320 den Titel der Hauptstadt des Comtat streitig machte. Zeiten des Wohlstands und der Rezession prägten den Ort, bevor er im 19. Jh. dank seines originellen Bewässerungssystems eine Wiederbelegung erfuhr.

In der Tat besitzt Pernes 40 Brunnen, die der Stadt seit 1936 den Namen Pernes-les-Fontaines einbrachten. So wird Ihre Besichtigung dieses entzückenden Dorfes vom seichten Plätschern der erfrischenden Brunnen begleitet. Festungsmauern mit noch drei erhaltenen Stadttoren, eng aneinandergereihte altertümliche Häuser, kleine Plätze, gepflasterte Gassen, schöne Patrizierhäuser und Kapellen tragen zum Charme des Stadtbildes bei. Im Turm *Ferrande* wurden auf bemerkenswert gut erhaltenen Fresken aus dem 13. Jh. die Schlachten von Karl I. von Anjou in Italien verewigt. In einem ehemaligen Tuchwarenladen lädt das Trachtenmuseum zur Besichtigung von Stickereien, Schultertüchern, Hauben und Brautkleidern des Comtat-Gebiets.

Nicht weit von hier liegt der idyllische Ort **Venasque,** dem das Comtat Venaissin seinen Namen zu verdanken hat. Der friedliche Ort, der von einem Festungswall mit „sarazenischen“

Links

Pernes-les-Fontaines verdankt seinen Namen den 40 Brunnen, die im Hochsommer für angenehme Frische sorgen (oben). Im Turm Ferrande sind schön erhaltene Fresken aus dem 13. Jh. zu sehen (unten).

Oben

Von den ursprünglichen vier Stadttoren sind noch drei erhalten, wie hier die Pforte Notre-Dame (links).
Die Kirche Notre-Dame des Dorfes Venasque in 300 m Höhenlage (rechts).

Türmen eingeschlossen wird, thront in 300 m Höhenlage auf einem weißen Felsen, der etymologisch die keltisch-ligurische Herkunft des Ortsnamens (*Vindasca*) erklärt. Venasque zählt zu den sieben „schönsten Dörfern Frankreichs" des Départements. Nahezu alle anderen mit diesem Label ausgezeichneten Dörfer befinden sich im Luberon. Wahres Kleinod des 900 Selendorfes ist die Taufkapelle aus dem 6. Jh., die früher durch einen überwölbten Gang mit der Kirche verbunden war. Ihr Grundriss ist ein griechisches Kreuz. Sehenswert ist ebenfalls die Kirche Notre-Dame.

Einige Kilometer weiter nördlich liegt **Mazan**. Hier wurde in der ehemaligen Kapelle „der weißen Büßer" ein Kunst- und Volkskundemuseum eingerichtet, das Trachten, archäologische Funde aus dem Umland sowie eine Mineraliensammlung ausstellt. Denn der Ort ist u. a. bekannt für seine Gipssteinbrüche. In Mazan hinterließ der Marquis de Sade ein Schloss, das er zur Veranstaltung seines Theaterfestivals nutzte. Allerdings ist es nicht wie das Schloss von Lacoste verfallen, sondern wurde zu einem exquisiten Hotel umgebaut.

Krönender Abschluss Ihrer Reise durch die bezaubernden Dörfer des Comtat bildet **Mormoiron.** Das malerische mittelalterliche Dorf mit Blick auf die Bergkulisse des Mont Ventoux besticht durch ein hochinteressantes Museum für mechanische Musik. Die Serinetten, Drehorgeln, Pianolas, usw. dieses von leidenschaftlichen Orgelbauern gegründeten Museums mit seinem „antiquierten" Ambiente wird Sie begeistern.

Der Mont Ventoux und das Sault-Gebiet

Linke Seite
Das Dorf Entrechaux.

Unten
Der 1.900 m hohe Mont Ventoux: provenzalischer Riese, obligatorische Etappe der Tour de France und begehrter „Übungsplatz“ unter Radsportlern.

Ein provenzalisches Riese mit unvergleichlichem Panorama-Blick

Der 1.909 m hohe Mont Ventoux scheint seinen Beinamen „provenzalischer Riese“ zu verdienen. Das erhabene Bergmassiv, das über das Comtat Venaissin und das Sault-Gebiet wacht, ist zu jeder Jahres-, Tages- und Nachtzeit ein Erlebnis. Sein Gipfel mutet wie eine Mondlandschaft an.

Wenn Sie sich wie Francesco Petrarca im Jahre 1316 die Mühe machen und den Mont Ventoux besteigen, erwartet Sie nach einem dreistündigen Fußmarsch ein atemberaubender Ausblick, der insbesondere bei Sonnenaufgang aber auch bei Tage zu genießen ist. Bei klarer Sicht kann

Oben
Malaucène bildet den Hauptzugang zum Mont Ventoux am Nordhang.

man den Montblanc und die Spitze des Canigou-Massivs, das Dauphiné-Massiv, die Cevennen und manchmal sogar das bis an Marseille angrenzende weite Mittelmeergebiet erblicken. Unzählige Dichter von Mistral über Giono bis hin zu Aubanel haben dieses fesselnde Panorama in ihren Werken gerühmt.

Botaniker und Blumenliebhaber wiederum werden an der beeindruckenden Artenvielfalt der Gebirgsflora Gefallen finden. Denn hier gedeihen eintausend Pflanzenarten auf fünf Vegetationsstufen zwischen 400 und 1.900 Höhenmetern, so z. B. am Fuße des Gebirges verschiedene Mittelmeerarten und in etwas höherer Lage Eichen, Buchen, Zedern und Waldkiefern. Zu den hiesigen Wildblumen gesellen sich gerne Alpen-Mohn und Türkenbund-Lilie, Blaukissen, Purpur-Knabenkraut und Silber-Mannstreu.

Unter den Vertretern der heimischen Tierwelt sind über 120 Vogelarten, Wildschweine, Mufflons und Rothirsche anzutreffen, die auf diesem zum Biosphärenreservat erklärten Raum friedlich miteinander harmonieren.

Das Bergmassiv Ventoux lässt sich auf vielfältige Art erkunden. Das Paradies für Wanderer ist gleichzeitig eine Herausforderung für Radsportler, denn nicht zuletzt stellt der Riese der Provence seit 1951 regelmäßig die Teilnehmer der Tour de France auf eine harte Probe. Darüber hinaus werden hier seit über 100 Jahren Bergrennen ausgetragen. Im Winter

Oben
Am Fuße des Südhangs des provenzalischen Riesen liegt Bedoin.

schließlich kann man die schneebedeckten Hänge des Mont Ventoux auf Skiern und Schlitten abfahren. Trotz der launenhaften Schneefälle etablierte sich hier - mitten in der Provence! - ein kleiner Wintersportort mit einem Skipisten-„Aufgebot" von immerhin 12 km.

Rings herum siedelten sich zahlreiche entzückende Bergdörfer und größere Marktflecken an, die einen Abstecher lohnen.

Das Dorf **Malaucène**, das den Hauptzugang zum Mont Ventoux am Nordhang bildet, wartet mit zahlreichen Reizen auf: schattenspendende Platanen, verschlungene Gässchen und Brunnen, die Kirche Saint-Michel mit romanischem Kirchturm, romanischer Westfassade, gotischem Chor und gotischen Kapellen.

Beaumont-du-Ventoux ist vielmehr als Siedlung zu bezeichnen, die neun malerische Weiler längs der Landstraße umfasst. In einigen sind schöne Kapellen zu besichtigen.

Das im Süden am Fuße des Mont gelegene Dorf **Bédoin** rühmt sich, das größte Forstgebiet Frankreichs in kommunaler Hand zu besitzen (6.100 ha). Für Radsportler ist der Ort eine wichtige Etappe auf der Strecke ins Ventoux-Gebirge. Das Dorf besitzt eine schöne Pfarrkirche mit einem Altaraufsatz von Nicolas Mignard.

Das mittelalterliche Dorf **Le Barroux** entstand um einen Bergfried auf einer felsigen Anhöhe zwischen der Ebene des Comtat Venaissin und

der Malaucène-Ebene. Zwischen dem 12. und 15. Jh. war die Burg Sitz der Lehnsherrschaft. Ein Teil der Festung wird heute privat von den Besitzern, der Familie Vayson de Pradenne, genutzt, die die Renovierung des Bauwerks in Angriff nahm. Die Kapelle und Terrasse hingegen sind städtisches Eigentum und können besichtigt werden. Ein weiteres Highlight des Ortes ist das Kloster Sainte-Madeleine, das am Sonntagmorgen zahlreiche Traditionalisten anzieht, die der gregorianischen Messe beiwohnen.

Oben Das knusprige Mandelgebäck *Croquemoines*, eine Spezialität der Mönche des Klosters Sainte-Madeleine, steht im Souvenirladen der Abtei zum Verkauf.

Unten Das reizende mittelalterliche Dorf Le Barroux mit Bergfried.

Rechte Seite

Das unter Traditionalisten hochgeschätzte Kloster Sainte-Madeleine, das jeden Sonntagmorgen eine gregorianische Messe zelebriert.

Oben Im Sault-Gebiet, dessen Name sich aus *saltus* ableitet (Waldgebiet mit Lichtungen und Wiesen), betritt man das Land des Lavendels.

Unten Auch in Aurel bilden die Lavendelblüten einen violetten Teppich.

Sault, das Land der Farben und Genüsse

So weit das Auge reicht bilden blaue Lavendelfelder, goldene Dinkelfelder und dichte Wälder eine endlose Palette aus Farben und Landstrichen von urwüchsiger Schönheit. Sault leitet sich schließlich von *saltus* ab: ein von Lichtungen und Wiesen durchzogenes Waldgebiet. Das ergiebige Sault-Gebiet ist aber auch bekannt für seine vielen Spezialitäten. Lavendelhonig, Dinkel (auch *blé des Gaulois* genannt), zartes Lammfleisch, Nougat, Makronen, usw. machen es zu einem begehrten Reiseziel für Gourmets und Naschkatzen.

Sault-en-Provence, die ehemalige Hauptstadt der Grafschaft, thront auf einem Felsvorsprung. Sie ist idealer Ausgangspunkt zur Erkundung des reizenden Umlands, insbesondere der Schluchten des Flusses La Nesque und des Toulourenc-Tals.

Von ihrem Feudalschloss und dem alten Festungswall sind nur noch einige Rudimente erhalten. Die Altstadt besitzt schöne Häuser aus dem Mittelalter und der Renaissance sowie prächtige Patrizierhäuser. Mehrere Stilepochen sind in der Kirche Notre-Dame-de-la-Tour verewigt: romani-

sches Hauptschiff mit Tonnengewölbe, umgebauter Altarraum, nördliches Seitenschiff aus dem 19. Jh. Im 2 km entfernten Lavendelgarten *Jardin des lavandes* sind an die 200 Arten der Gattung *Lavandula* zu bestaunen.

Von Sault können Sie in Richtung Norden das Toulourenc-Flusstal erreichen oder in Richtung Süden die Schlucht Gorges de La Nesque aufsuchen.

5 km nördlich liegt gegenüber dem Baronnies-Massiv das mittelalterliche Dorf **Aurel**. Wie viele seiner Nachbardörfer genießt der romantische, sonnendurchflutet Ort ein hohes Ansehen unter Bildnern, Töpfern und Malern. Der Kunstmaler Pierre Ambrogiani verbrachte hier 11 Jahre zwischen 1950 und 1961. Andere Künstler taten es ihm nach.

Weiter nördlich erreichen Sie **Montbrun-les-Bains**, das ebenfalls zu den „schönsten Dörfern Frankreichs" gerechnet werden darf. Dieses

Oben Lavendelfelder wollen regelmäßig bestellt sein. Im August wird zu Ehren der Duftpflanze ein großes Fest gehalten.

Unten Das Dorf Montbrun-les-Bains.

Oben
In unmittelbarer Nähe des Mont Ventoux thront das pittoreske Dorf Brantes mit seinen gewundenen Gassen wie ein Aldernest über dem Fluss Toulourenc.

entzückende, mittelalterliche Dorf und angesehene Thermalbad inmitten des Département Drôme lädt zu einem Bummel durch schmale, gepflasterte Gassen und zur Besichtigung seiner Kirche, seines Bergfrieds und Schlosses.

Eine kurvenreiche Landstraße führt Sie zum etwa 10 km entfernten Ort **Brantes**, ein regelrechtes Adlernest in beeindruckender Höhe über dem Fluss Toulourenc. Bei Ihrem Rundgang durch die gewundenen Gässchen, die Ihnen einen schönen Ausblick auf den imposanten Mont Ventoux bescheren, treffen Sie auf den ein oder anderen Steingutfabrikanten und Santon-Hersteller sowie auf ein verfallenes Feudalschloss, dessen vergangene Pracht noch heute zu erahnen ist.

Unweit von hier erwartet Sie das kleinste und wohl friedlichste Dorf des Départements, **Saint-Léger-du-Ventoux**, in das sich 24 Seelen zurück gezogen haben. Von hier gelangen Sie zum Fluss **Toulourenc** (frz. *tout ou rien* – alles oder nichts). Er zählt zu den größten vom Mont Ventoux gespeisten Flüssen und verläuft auf 30 km vom Schloss des Dorfes Aulan bis zum Ouvèze-Tal.

Östlich von Sault erstreckt sich das **Albion-Plateau**, das vermutlich seinen Namen (*alba*) der hellen Farbe seines Gesteins und der Vegetation zu verdanken hat. Der aus diesem Landstrich gebürtige Romancier Jean Giono machte diese urwüchsige Hochebene mehrmals zum Schauplatz seiner Handlungen. In den vereinzelten Dörfern des Plateaus sind schöne Kirchen zu besichtigen, wie z. B. die romanische Dreifaltigkeitskirche in Saint-Trinit und das Priorat im Dorf Saint-Christol.

Westlich von Sault gräbt sich die spektakuläre **Schlucht des Flusses La Nesque** einen Weg durch den Fels. Dieser beeindruckende, tiefe Canyon bildet einen umwerfenden Kontrast zu den angrenzenden, vollkommen flachen Hochebenen.

Unten in der tiefen Schlucht, an den Ufern des Gebirgsbachs, liegt die romanische Kapelle Saint-Michel d'Anesca (oder Saint-Michel de la Nesque) aus dem 12. Jh., die im 17. Jh. restauriert wurde. Gegenüber vom Fels Rocher-du-Cire, der Wildbienen Unterschlupf bietet, wurde im Belvedere von Castellaras zu Ehren des Dichters Frédéric Mistral eine Stele errichtet.

Angesichts dieses atemberaubenden Naturschauspiels sind die Worte des Dichters, die er nach seiner Besichtigung dieses Landstrichs im Jahre 1866 niederschrieb, nur zu gut zu verstehen: „Der Strom Nesque ergießt sich in eine ausgehöhlte und dunkle Schlucht, folgt seinem Lauf bis zur Stelle, wo sich plötzlich wie aus heiterem Himmel ein Fels aufbäumt. Dieser Fels heißt Rocher du Cire. Keine Katze, keine Ziege, kein Augenfalter, soviel ist sicher, werden jemals diesen Ort erklimmen!"

Oben

Das tief eingeschnittene, steilwandige Tal des Flusses La Nesque ist zwar weniger bekannt als die benachbarte Ardèche-Schlucht aber nicht minder reizvoll.

Unten

Zu den entzückenden Dörfern des 859 m hohen Albion-Plateaus gehört Saint-Trinit, das eine denkmalgeschützte Kirche aus dem 12. Jh. vorzuweisen hat. Am 2. Oktober-Sonntag wird hier jedes Jahr zu Ehren der Speisepilze eine Messe zelebriert.

Das Bergmassiv Dentelles de Montmirail

gewaltige Natur und winzige Dörfer

Linke Seite und unten
Das Bergmassiv Dentelles de Montmirail verdankt seinen Namen den wie von Hand gemeißelten Kalksteinspitzen. Ausgesprochen beliebt bei Bergsteigern aus aller Welt sind seine silber-grauen Felswände.

Welch sonderbaren Anblick bieten diese fein gemeißelten Kalksteinspitzen mit ihren steilen silbergrauen Hängen und ihrem zerklüfteten Relief. Doch nicht dem Geschick der Klöpplerinnen hat das Bergmassiv **Dentelles de Montmirail** (dt. Spitzen von Montmirail) seine bizarre Form zu verdanken sondern der Erosion. Die Felsen, die am Gipfel Saint-Amand 734 m erreichen, werden gerne von Bergsteigern aufgesucht. Wanderern, die das urwüchsige abwechslungsreiche Umland mit seinen winzigen Dörfern und endlosen Weinstöcken erkunden, bieten sie eine regelrechte Traumkulisse.

Oben
Das Umland von Montmirail besitzt schöne Städte und Dörfer, so z. B. Gigondas und Vacqueyras, die für ihre mundigen, in alle Welt exportierten Weine bekannt sind.

Einige Dörfer gaben köstlichen Weinen ihren Namen. So sind Vacqueyras und Gigondas für ihre kräftigen und herben Rotweine und Beaumes-de-Venise für seinen süßlichen Muskateller bekannt. Auf Ihrem Weg nach Vaison-la-Romaine sollten Sie keinesfalls die Orte Sablet und insbesondere Séguret auslassen, die zum Weihnachtsfest Krippenspiele darbieten.

„Beaumes" oder „Baumes" bezeichnen in Sandsteinfels gegrabene Grotten bzw. Höhlenbehausungen, „Venise" erinnert an das Gebiet Comtat Venaissin, wo sich **Beaumes-de-Venise** am Hang eines Hügels einen „Nistplatz" sichern konnte.

Linke Seite unten
Das Dorf Gigondas, das von den Römern *Jocunditas* getauft wurde.

Oben
Das friedliche Dorf Sablet wird jedes Jahr im Juli von Schriftstellern bevölkert.

Unten
Das Weinbaugebiet von Beaumes-de-Venise ist bekannt für seinen Muskateller. Im Hintergrund Notre-Dame d'Aubune.

In diesem Mistral-geschützten Dorf stehen die Kirche Saint-Hilaire und die Kapelle Notre-Dame d'Aubune zur Besichtigung, deren Kirchturm (12. Jh.) unter Denkmalschutz steht.

Im 4 km nordöstlich gelegenen Dorf **Vacqueyras** laufen die Gassen auf eine provenzalische Kirche und einen Wachturm aus dem 12. Jh. zu. Der Ort ist der Hauptzugang zum Dentelles-Massiv.

Nicht weit von hier liegt das Dorf **Gigondas**, das einst dem Fürstentum Orange angehörte und von den Römern *Jocunditas* (dt. Freude) getauft wurde. Vom Ort geht eine beherrschte Ruhe aus. Doch schon einige Schlucke Wein unter der gleißenden Sonne werden Sie gewiss in die fröhliche Stimmung versetzen, die einst die ersten Bewohner zur Wahl des ursprünglichen Ortsnamens beflügelte. Ein steiler Weg führt Sie hinauf zum ehemaligen Kloster und Armenhaus *Hospices* mit seinem atemberaubenden Ausblick auf das Umland. Heute veranstaltet hier im Sommer das Freilichttheater *Théâtre de verdure* lyrische Darbietungen.

Der friedliche Marktflecken **Sablet** ist ein begehrter Ort unter Schriftstellern, insbesondere während der Buchmesse im Juli.

Puppenstubencharakter beweist das malerische Dorf **Séguret**, das die pro-

Oben
Das Dorf Seguret.

Oben
Wie Rom wird auch Vaison „die Römische" von sieben Hügeln eingeschlossen. Der Ort war im Wechsel in keltischer, römischer und sogar gasconischer Hand! Hier zu sehen ist die Oberstadt.

Unten Links
Die römische Brücke über den Ouvèze misst stolze 20 m.

venzalischen Traditionen in Ehren hält. Kein Wunder, denn seit 1960 setzen zu Weihnachten die Einwohner des Ortes, ob jung oder alt, die Heilige Nacht in Bethlehem in Szene. Riesige Besucherströme, teilweise von weit her, zwängen sich jedes Jahr in die reizende Kirche Saint-Denis, um dem Krippenspiel *Mystère des bergers* beizuwohnen.

Das entzückende Dorf in Hanglage wird von dem Turm einer ehemaligen mittelalterlichen Burg überragt. Schöne alte Häuser, Brunnen und Waschhäuser runden Ihren Bummel durch die gepflasterten Gassen ab. Am Kirchplatz mit seiner Orientierungstafel erwartet Sie ein fesselndes Panorama, das Séguret den Beinamen „Balkon des Haut-Comtat" einbrachte.

Weiter in Richtung Norden am Scheideweg zwischen Baronnies-Massiv, Dentelles de Montmirail und Comtat-Ebene erreichen Sie das Städtchen **Vaison-la-Romaine**, das wie Rom von sieben Hügeln eingeschlossen wird.

Der Ort blickt auf eine bewegte Geschichte zurück, denn er war im Wechsel in keltischer, römischer, bischöflicher und gasconischer Hand. Zunächst bildete er den Hauptsitz des keltischen Stammes der Vocontii oder *Veisou* (provenzalisch). Dann folgten im Jahre 125 vor Ch. die Römer. Infolge der Reichsaufteilung in vier Gebiete genoss der Ort jedoch eine relative Eigenständigkeit. Nach dem Untergang des römischen Reichs war Vaison Sitz eines einflussreichen Bistums, das über 40 Gemeinden regierte. Diese verlockende Machtstellung war den Grafen von Toulouse Anlass genug, eine neue Stadt und auf dem Felsen eine Burg zu errichten.

So besitzt Vaison heute zwei Gesichter, ohne dass von einer Spaltung die Rede sein kann. Vielmehr harmonieren miteinander die alte und neue Stadt, die Ober- und Unterstadt.

Die mittelalterliche Oberstadt ist ein Wohnviertel aus entzückenden Steinhäusern und Gassen, die mit Kieselsteinen aus dem Flussbett des Ouvèze bepflastert sind. Von den Burgruinen bietet sich ein grandioser Ausblick auf die Stadt und den Mont Ventoux. Sie erreichen die durch eine Pforte befestigte Burg über eine 20 m lange römische Brücke, die den Ouvèze überspannt.

In der Unterstadt hingegen schlägt das Herz von Vaison mit ihrem Markt und zahlreichen Geschäften. Darüber hinaus besitzt sie ausgesprochen sehenswerte Zeugen aus dem Altertum wie beispielsweise das römische Viertel Puymin und die Messii-Villa, das Viertel Villasse und das im Vergleich zu Orange bescheidenere aber nicht minder ansehnliche Amphitheater. Sollten Sie Vaison während des Chorgesang-Festivals *Les Choralies* aufsuchen, das hier alle drei Jahre im August veranstaltet wird, machen Sie sich auf ein einmaliges Spektakel gefasst. Dann nämlich füllen gewaltige Stimmen von Sängern aus aller Welt sämtliche Plätze, Kirchen und Schulen und hallt von überall Jazz, Gospel und gregorianischer Gesang wider.

Rechts und unten
Vaison besitzt einige archäologische Stätten, darunter das Amphitheater und das Viertel Villasse.

Das Rhônetal

Linke Seite und unten
Weltbekannt ist Châteauneuf-du-Pape für seinen erlesenen Wein. Denn der hiesige steinige, quarz- und tonhaltige Boden schafft ideale Voraussetzungen für den Weinanbau.

Châteauneuf-du-Pape, edles Land für einen edlen Wein!

Erstmals urkundlich erwähnt wird Châteauneuf oder vielmehr *Castro novo* im Jahre 1094. Auch wenn sich hier regelmäßig die Päpste Clemens V. und Clemens VII. aufhielten, ist doch die Geschichte des Dorfes für immer mit Papst Johannes XXII. verknüpft, der hier im 14. Jh. ein Schloss bauen ließ. Dieses Bauwerk, von dem noch ein schöner Gewölbesaal erhalten ist, zahlte im Zweiten Weltkrieg einen hohen Tribut.

Unten
In einigen Kilometern Entfernung von Châteauneuf-du-Pape hat im ehemaligen Schloss *Les Fines Roches* des Marquis Folco de Baroncelli ein Luxushotel seinen Sitz bezogen.

Doch sein weltweites Ansehen verdankt Châteauneuf-du-Pape in erster Linie seinem Weinbaugebiet. Ideale klimatische und geologische Bedingungen erklären die Qualität der hiesigen Weinstöcke, gemeint sind der steinige, überwiegend quarz- und tonhaltige Boden sowie das durch den Mistral begünstigte trockene und sonnige Klima.

Bereits im Jahre 1157 besaß der Bischof von Avignon Weinstöcke in Châteauneuf. Im 13. Jh. erstreckten sich die Weinstöcke auf 300 ha. Heute zählt das Anbaugebiet der „Schloss- und Papststadt" 13 Rebsorten auf 3.000 ha, die neben Châteauneauf einige Gebiete der vier angrenzenden Gemeinden Sorgues, Courthézon, Bédarrides und Orange umfassen. Die provenzalischen Dichter um Frédéric Mistral und Anselme Mathieu kosteten gerne von diesem mundigen Wein, der ihnen „Mut, Rausch, Liebe und Freude" verlieh.

Von hier gelangen Sie über eine idyllische Landstraße zum 10 km entfernten Ort Orange…

Oben und rechts unten Das antike Theater von Orange: ein wunderschönes, besonders gut erhaltenes Meisterwerk der römischen Welt. Am Fuße dieser Mauer nutzen anlässlich der Sommerfestspiele *Chorégies* die größten Sänger die hervorragende Akustik, um u. a. Werke von Verdi und Rossini aufleben zu lassen.

Orange, Sitz der Römer und Holländer

Spätestens beim Anblick des antiken Amphitheaters und des Triumphbogens werden Sie keinen Zweifel mehr hegen, dass Orange am Fuße der Anhöhe Saint-Eutrope einst eine glorreiche römische Residenzstadt war.

Das prächtige antike Theater zählt neben dem Theater von Aspendos (heutige Türkei) zu den best erhaltenen der römischen Welt. König Ludwig XIV. soll bereits die Mauer des Bühnenhauses von Orange als „die schönste Mauer unseres Königreichs“ bezeichnet haben. Am Fuße dieser Mauer ist in einer Nische die Statue des römischen Kaisers Augustus zu sehen. An der 100 m langen und 37 m hohen Außenfassade bieten Türen Zugang zu den Logen. Das im frühen 19. Jh. restaurierte Theater, das über eine außergewöhnliche Akustik verfügt, ist Schauplatz der im Jahre 1869 gegründeten Festspiele *Chorégies*. Der Name dieser ältesten und, unter anderen, angesehensten lyrischen Festspiele Frankreichs leitet sich in Anspielung auf die griechisch-lateinische Tradition vom griechischen Wort *choreos* ab. Jeden Sommer lassen große Stimmen Werke von Verdi, Puccini, Rossini und Bizet aufleben.

Oben
Ein weiteres Wahrzeichen der Stadt ist der römische Triumphbogen, der im 1. Jh. zu Ehren der siegreichen 2. gallischen Veteranenlegion errichtet wurde.

Rechte Seite oben
Barry, ein herrliches Beispiel eines typischen Höhlendorfs (links). Der für seinen süßlichen Wein bekannte Weinberg von Rasteau (rechts).

Rechte Seite unten
In 137 m Höhe wacht die Festung von Mornas über das friedliche Dorf am Fuße des Felsens. Von hier schweift der Blick über den Mont Ventoux, das Bergmassiv Dentelles de Montmirail und das Rhônetal.

Als weiteres Symbol der römischen Vorherrschaft ist der am nördlichen Stadteingang gelegene Triumphbogen anzusehen, der im 1. Jh. zu Ehren der siegreichen 2. gallischen Veteranenlegion erbaut wurde.

Als im ausgehenden 12. Jh. Bertrand des Baux der Fürstentitel von Orange zuerkannt wurde, machte er die Stadt zu einer Enklave inmitten des Comtat-Gebiets. Im 16. Jh. ging das Fürstentum an das niederländische Haus Oranien-Nassau. 1713 wurde im Friedensvertrag von Utrecht erneut der Anschluss des Fürstentums an Frankreich besiegelt. Doch das Königshaus der Niederlande behielt seitdem den Namen Oranien bei und machte die Farbe Orange zu seinem allgegenwärtigen Wahrzeichen – vom Nationalfeiertag bis hin zum Fußballstadion!

Abgerundet wird Ihre Besichtigung der Sehenswürdigkeiten von Orange durch die Kathedrale Notre-Dame-de-Nazareth, die am Portal schöne romanische Dekorelemente aufweist, und das städtische Museum, das Gemälde und archäologische Funde ausstellt.

„Geliebte Urlaubsroute N7"

Nördlich von Orange liegt der Ort **Piolenc** nur einen Katzensprung von der in Richtung Papstenklave führenden Nationalstraße 7 entfernt. Hier befasst sich ein reizendes Museum mit der Geschichte der von Charles Trenet besungenen Urlaubsroute N7. Etwas weiter in **Sérignan-du-Comtat** sind im „Harmas" des Botanikers und Entomologen Jean-Henri Fabre zahlreiche Herbarien, Schaukästen mit Insekten, Fossiliensammlungen und 20.000 Zeichnungen zu sehen. Weitere reizende Orte wie **Sainte-Cécile-les-Vignes**, **Rasteau** und **Cairanne**, die ebenfalls für ihre köstlichen Weine bekannt sind, lohnen einen Abstecher, sollte Châteauneuf Ihren Wein- und Besichtigungsdurst nicht gestillt haben.

Zu erreichen sind diese Orte über die Landstraßen D975 und D976.

Ausflug ins nördliche Vaucluse-Gebiet

Papstenklave, provenzalischer Drôme-Bezirk, Baronnies-Massiv

Linke Seite
Im provenzalischen Drôme-Bezirk überragt das von Festungsmauern geschützte Dorf La Garde-Adhémar die Pierrelatte-Ebene. Hier der Kräutergarten *Jardin des Herbes*.

Unten
Die Kirche Notre-Dame-de-Nazareth von Valréas besitzt eine schöne denkmalgeschützte Orgel.

Die Papstenklave: ein Vaucluse-Gebiet im Département Drôme

Im Norden des Départements Vaucluse und der Provence befindet sich in historischer und territorialer Hinsicht ein Kuriosum: die „Papstenklave".

Bis heute wird der Landkreis von Valréas noch so bezeichnet. Er umfasst die 9.500 Einwohner zählende Landkreishauptstadt und drei Nachbargemeinden, die dem Département Vaucluse angehören, aber mitten im Département Drôme liegen. Um diesen kuriosen Umstand zu verstehen, bedarf es eines Rückblicks bis ins 14. Jh.

Ursprünglich befand sich Valréas in herrschaftlichem Besitz, fiel aber im Jahre 1317 unter die Regentschaft des Heiligen Stuhls, als die Päpste dem französischen Thronfolger die Städte Valréas, Visan, Richerenches und später Grillon abkauften. Nachdem das Gebiet vier Jahrhunderte lang in päpstlicher Hand blieb, wurde es nach der Französischen Revolution dem Département Vaucluse einverleibt.

Noch heute ist die religiöse Geschichte der malerischen Kleinstadt **Valréas**, die sich nach und nach um ihre Burg ausdehnte, an zahlreichen sakralen Bauwerken abzulesen. Dazu gehören die romanische Kirche Notre-Dame-de-Nazareth mit ihrer wunderschönen, denkmalgeschützten, bunt verzierten Orgel,

Oben
In Visan harmonieren Patrizierhäuser mit den Ruinen des Festungswalls *remparts des Dauphins*.

Unten
Zu den Sehenswürdigkeiten von Grillon zählen das Haus des Bäckers, das Haus der drei Bögen und das Haus Milon, in dem sich eine Bautechnik-Forschungseinrichtung befindet (links). Die Bibliothek des Schlosses von Valréas (rechts).

die Kapelle der Pénitents Blancs mit üppigem Dekor und schönem Kunstschmiedeportal sowie die Kapelle der Pénitents Noirs, das Ursulinerinnenkloster sowie das Franziskanerkloster mit seinem von vier Sonnenuhren geschmückten Turm, das zu den ersten im italienischen Renaissance-Stil errichteten Bauwerken Frankreichs zählt, und nicht zuletzt eine evangelische Kirche.

Sehenswert ist ebenfalls das aus dem Mittelalter stammende prächtige Schloss Simiane, in dem heute das Rathaus untergebracht ist. Es besitzt eindrucksvolle Räume mit schönen Deckenbalken und reich verzierten Wänden. Im Sommer werden im *Salon de l'Enclave* Gemälde provenzalischer Maler ausgestellt. Im Kartonagen- und Druckereimuseum schließlich erfahren Sie, dass Valréas im 19. Jh. die europäische Hauptstadt der Pappverpackungen war. Ferdinand Revoul ist die Erfindung des Kartons im Jahre 1840 zu verdanken.

Auch das Umland von Valréas und die drei anderen Dörfer der Enklave verdienen Ihre Aufmerksamkeit.

Im Westen wartet **Grillon** mit einer entzückenden mittelalterlichen Altstadt auf, die noch teilweise hinter Festungsmauern aus dem 13. Jh. Schutz sucht. Im Süden erwarten Sie im Dorf **Visan** die Ruinen eines mittelalterlichen Schlosses und Reste des ehemaligen Festungswalls, *remparts des Dauphins* und *remparts des Papes* genannt. Schöne Patrizierhäuser säumen die malerischen Gassen.

Besonderes Augenmerk verdient **Richerenches.** Denn das wie eine Festung anmutende alte Dorf beherbergt eine Komturei des Templerordens, die zu den best erhaltenen Frankreichs zählt. Auch ist der Ort für seine schwarzen Diamanten bekannt, gemeint sind die edlen Trüffelpilze. Sollten Sie Richerenches im Januar aufsuchen, verpassen Sie nicht die Trüffelmesse. Die anlässlich dieser ungewöhnlichen Zeremonie gesammelten Spenden tragen zur Restaurierung der kleinen Pfarrkirche bei.

Oben
Der Ort ist ebenfalls bekannt für seine köstlichen Trüffelpilze, die jedes Jahr im Januar in einer Messe zelebriert werden.

Unten
In Richerenches erwartet den Besucher eine besonders gut erhaltene Komturei des Templerordens

Oben
Die von Zisterziensern der strengen Observanz bewohnte Abtei Notre-Dame d'Aiguebelle. Zum Verkauf stehen eine große Auswahl an ätherischen Ölen, Musik CDs und Büchern, darunter religiöse, historische und touristische Werke (links). Das Schloss von Suze-la-Rousse (rechts).

Unten
In Grignan hielt sich lange Zeit die Marquise de Sévigné im Schloss ihres Schwiegersohns auf. In der Stiftskirche von Grignan ist ihr Grab zu sehen.

Grignan, auf den Spuren der Marquise

Nur einige weinige Kilometer weiter nördlich betreten Sie provenzalisches Drôme-Gebiet. Hier haben sich zahlreiche, teilweise befestigte Dörfer mit schön gepflasterten Altstadtgassen einen Platz in wunderschöner Lage gesichert, sei es in Höhenlage über malerischen Niederungen oder in Talmulden inmitten weitläufiger Lavendelfelder oder Weinreben.

Saint-Paul-Trois-Châteaux, ein für den Landstrich Tricastin charakteristisches Dorf, besitzt eine herrliche Kathedrale, stattliche Patrizierhäuser und ein dem Tricastin gewidmetes archäologisches Museum. Viele Bauwerke des Ortes tragen den in den hiesigen Steinbrüchen abgebauten hellen Kalkstein zur Schau. Einige Kilometer weiter nördlich überragt das auf einem Felsvorsprung thronende Dorf **La Garde-Adhémar** die Pierrelatte-Ebene und den Donzère-Kanal. Die gewundenen Gassen des zu den „schönsten Dörfern Frankreichs" gerechneten Orts werden von malerischen Häusern gesäumt, in welchen Handwerker und Künstler Quartier bezogen haben.

Der reizende Ort **Grignan** ist weitgehend mit Madame de Sévigné verknüpft, die sich von 1694 bis zu ihrem Todesjahr 1696 hier aufhielt. Ihr Grab befindet sich in der Stiftskirche aus dem 16. Jh., deren Flachdach als Terrasse dient. Im Sommer veranstaltet Grignan zu Ehren der illustren Epistolarin ein Korrespondenz-Festival und nächtliche Feste. Durch die Marquise gelangte auch das Renaissance-Schloss des Grafen von Grignan und Schwiegersohns der Madame de Sévigné zu Berühmtheit. Schmucke Gassen winden sich um die Altstadt und führen Sie zum hoch gelegenen Schloss. Das während der Revolution zerstörte und im 20. Jh. restaurierte und vollkommen neu möblierte Bauwerk beeindruckt durch seine prächtige Fassade und vor allem durch seinen gotischen Festsaal, die *Galerie des Adhémar*. Die Südterrasse bietet einen atemberaubender Ausblick auf die Comtat-Ebene, den Mont Ventoux und das Bergmassiv Dentelles de Montmirail.

Oben
Herrliche Wandmalereien aus dem 13. und 15. Jh. zieren die Kathedrale von Saint-Paul-Trois Châteaux.

Unten
Nicht mehr ganz die Provence, aber auch nicht die Dauphiné-Region: das unvergleichliche provenzalische Drôme-Gebiet und das entzückende Umland von Dieulefit .

Rechts In etwa 10 km Entfernung von Vaison liegt an der „Grenze" zur Dauphiné-Region das mittelalterliche Dorf Mollans-sur-Ouvèze. Den Ort zieren ein Brunnen (Fontaine au Dauphin) und ein aus 6 Arkaden bestehendes Waschhaus.

Unten Der um 1280 im Auftrag der Baronin von Montauban erbaute Turm Randonne ist das Wahrzeichen der Stadt. Er diente dem Schloss zugleich als Bergfried und Gefängnis.

Das fruchtbare Land des Baronnies-Massivs

Noch weiter nördlich, allerdings in östlicher Richtung, erstreckt sich das Baronnies-Massiv. Die von Erosion gezeichneten Kalksteinplateaus werden im Norden von der Eygues-Niederung und im Süden vom Mont Ventoux gesäumt. Die hiesigen

Anpflanzungen bilden ein farbenfrohes Mosaik. Denn das durch viel Sonne, gemäßigten Wind und gute Bodenbeschaffenheit begünstigte Klima bringt zahlreiche Kulturen hervor: Lavendel, Olivenbäume, wovon allein 250.000 zur Erzeugung von AOC-Produkten genutzt werden, sowie Linden, die hier drei Viertel der französischen Gesamtproduktion abdecken.

Der Ort **Nyons**, zwischen südlicher Provence und Voralpen, ist bekannt für seine Oliven und sein schmackhaftes Olivenöl. Die hiesige Olivensorte heißt „Tanche". Im Juni entfalten die Bäume eine weiße Blütenpracht. Die herangereiften Oliven werden leicht runzelig zwischen Dezember und Januar geerntet und zu den Mühlen transportiert. Dort werden sie mindestens sechs Monate lang eingelegt bzw. getrocknet. In der Lindenalle Allée des Tilleuls – wo sonst? – befasst sich ein Museum mit dem Olivenanbau.

Nicht nur Gourmets sondern auch Liebhaber schöner Bauwerke kommen

in Nyons auf ihre Kosten. Die befestigte mittelalterliche Stadt besitzt eine Kirche mit einem Turm aus dem 14. Jh., eine römische Brücke, deren Bau ganze 70 Jahre beanspruchte, und einige alte Ölmühlen.

In den Nachbardörfern **Mirabel-aux-Baronnies** und **Piégon** sind schöne Kirchen und Kapellen zu besichtigen.

Im Südosten von Nyons besticht die Altstadt des Dorfs **Buis-les-Baronnies** durch einen ausgesprochen belebten, idyllischen Marktplatz, eine prächtige Kirche und ein lehr- und duftreiches Haus der Kräuter und Gewürzpflanzen.

Oben Reges Treiben herrscht auf dem bunten Wochenmarkt von Nyons am Donnerstag. Neben den schmackhaften Erzeugnissen der Region stehen auch Töpferwaren zum Verkauf.
Unten Die romanische Kirche Notre-Dame-de-Beauvert in Saint-Jalle (links). Das Dorf Buis-les-Baronnies (rechts).

Die Provence von Cézanne und Giono

Streifzug durch das Umland von Aix

auf den Spuren von Cézanne…

Linke Seite
Unvergessliche Ausflüge bietet der Mont Sainte-Victoire, der dem Maler Paul Cézanne eine unerschöpfliche Inspirationsquelle war.
Unten Die kürzlich restaurierte Prachtmeile *Cours Mirabeau.* Sie ist das Herz von Aix, denn hier pulsiert das städtische Leben insbesondere an Markttagen.

Aix, Inspirationsquelle für Maler und Schriftsteller

Aix-en-Provence prahlt mit nahezu 300 Sonnentagen im Jahr.

Die Stadt ist immer ein Erlebnis, ob bei gleißendem Sonnenlicht, das den Besucher zum Müßiggang auf den Terrassen verleitet, oder im willkommenen Schatten der Platanen oder des Berges Sainte-Victoire.

In Aix erblickte bekanntlich Paul Cézanne im Jahre 1839 das Licht der Welt und verstarb im Jahre 1906. Über 60 Gemälde fertigte er von seinem stolzen Mont an. Zur Erkundung der facettenreichen Stadt sollten Sie sich auf die Spuren von Cézanne begeben. Beim Fremdenverkehrsamt von Aix liegt eine

Oben Unter den Prachtstücken des Kunstmuseums Granet sind einige Werke des Malers Cézanne zu sehen: das Porträt von *Madame Cézanne* (links) und *Die großen Badenden.* (Musée Granet Aix-en-Provence, Foto Bernard Terlay CPA).

Unten Zu den prächtigsten Bauwerken von Aix zählt die auf den Ruinen des antiken römischen Forums errichtete Kathedrale Saint-Sauveur, die mehrere Baustile vereint: ein Kirchenschiff und ein Kreuzgang im Stil der provenzalischen Romanik, ein gotisches Langhaus, eine Renaissance-Taufkapelle und ein Kirchenschiff im Barockstil.

interessante Broschüre aus, die Sie an die wichtigsten Stellen seines Leben führt: sein Geburtshaus, die von ihm besuchten Schulen und Cafés, sein Atelier und die Werkstatt Les Lauves, die auf der gleichnamigen Anhöhe weitab vom städtischen Treiben liegt. Von diesem friedlichen Ort aus konnte er ungestört seinen Mont Sainte-Victoire betrachten.

Unumgänglich ist ebenfalls der Besuch des Museums Granet, in dem sich vormals die Kunsthochschule befand. Hier nahm der Künstler mit 20 Jahren für seine zeichnerischen Fähigkeiten seinen zweiten Preis entgegen. Nach der umfangreichen Ausstellung „Cézanne en Provence" im Jahre 2006 zeigt das herrlich renovierte Museum heute in Dauerausstellungen diverse Sammlungen, die u.a. acht Werke von Cézanne umfassen, darunter *Baiser de la muse*, *Die Großen Badenden* und das Porträt von *Madame Cézanne*.

In der 3 km vom Stadtkern entfernten zeitgenössischen Stiftung Vasarely erwarten Sie temporäre Ausstellungen sowie 42 monumentale Werke des Künstlers zur Förderung der Integration der Kunst in die Architektur.

Somit versteht sich Aix als Nährboden für schöpferische Kreativität und Inspirationsquelle für Maler und nicht zuletzt für Literaten. Denn hier wuchs beispielsweise Emile Zola heran, den eine innige Jugendfreundschaft mit Cézanne verband, aus der sich ein 30 Jahre andauernder Briefwechsel entwickelte. Zola erwähnt übrigens die Stadt des guten Königs René in seinem 20-bändigen Romanzyklus *Die Rougon-Macquart*. Aus Aix wird zwar Flassans, aus der Prachtmeile *Cours Mirabeau* wird Sauvaire und dem Gebirge Sainte-Victoire die Garigue… und doch handelt es sich beim Schauplatz des Romanzyklus um die Stadt Aix und ihr Umland.

Aix wurde 122 vor Chr. von den Römern als erste römische Stadt auf gallischem Boden gegründet und nach dem römischen Konsul Gaius Sextius, der mit seiner Armee die Salluvier besiegt und das nahe gelegene Oppidum Entremont zerstört hatte, *Aquae Sextiae* (die Wasser des Sextius) genannt. Ab 1182 regierten in Aix die provenzalischen Grafen. Die Stadt entwickelte sich um das Palais des Grafen, die Kathedrale Saint-Sauveur und die Handwerksviertel.

Im Jahre 1471 wählte René I. von Anjou, genannt René der Gute, Aix zu seiner Residenz. Mit dem Anschluss der

Provence an die französische Krone hielten in Aix ab 1501 der neue Gerichtshof und die provenzalischen Verwaltungsorgane ihren Einzug. Kennzeichnend für das folgende Jahrhundert ist die rasante Urbanisierung durch die Entstehung der Viertel Villeverte und Mazarin, des Platzes Albertas und des Rathausplatzes sowie durch den Ausbau der 1650 angelegten Prachtstraße für Gespanne und späteren Prachtmeile *Cours Mirabeau*. Nach einer längeren „Ruhephase" erwacht Aix schließlich in der zweiten Hälfte des 20. Jh. zu neuem Leben. Heute zählt die dynamische Studentenstadt 130.000 Einwohner und räumt der Kunst und Kultur einen bedeutenden Platz ein. Sie sollten Aix anlässlich eines ihrer vielen grandiosen Festivals aufsuchen, beispielsweise zum Opernfestival im Juli, das unter Musikliebhabern großes Ansehen genießt.

Aix hat ihren unvergleichlichen Charme von einst bewahren können. Die hellen Steinbauten mit Ziegeldächern und prächtigen Bauwerke bilden ein wunderschönes harmonisches Gefüge. Zur Erkundung des Stadtkerns sollte man sich ausreichend Zeit nehmen, denn es erwarten den Besucher eine Fülle an malerischen kleinen Plätzen und Brunnen (mindestens 40 an der Zahl, darunter die Brunnen Fontaine des Quatre-Dauphins, Fontaine d'Espéluque, Fontaine de la Rotonde und Fontaine d'Albertas), verschlungene, gepflasterte Gassen, prachtvolle Patrizierhäuser, Parkanlagen und Schlösser…

Das Aufgebot sakraler Bauwerke umfasst u. a. das erzbischöfliche Palais, die Kathedrale Saint-Sauveur und die Kapelle Sainte-Catherine mit ihrer besonders interessanten Fassade.

Zur architektonischen Komponente gesellt sich eine kulinarische, denn Aix ist u. a. bekannt für das Konfekt *Calisson*, eine Delikatesse aus Marzipan, kandierten Früchten (Melone oder Aprikose), Oblaten und Zuckerglasur. Die Einwohner von Aix glauben, dass das schiffchenförmige Konfekt aus der Zeit von König René stammt und der Name Calisson dem Ausspruch einer Kurtisane zu verdanken ist. Die ansonsten für ihren schlechten Charakter bekannte Hofdame soll beim Verzehr der Leckerbissen auf Provenzalisch entzückt ausgerufen haben: *Di cali soun* (dt. „Das sind Zärtlichkeiten").

Oben In jeder Gasse, auf jedem Platz von Aix verbirgt sich ein architektonisches Kleinod, wie hier am Patrizierhaus Albertas (links) oder am Brunnen *Fontaine des Quatre-Dauphins* (rechts).

Unten Der Pavillon Vendôme entstand im Auftrag des Herzogs von Vendôme für seine Geliebte, Lucrèce de Forbin Solliès, auch „la Belle de Canet" genannt. Das Bauwerk besitzt eine Fassade mit klassischer Säulenordnung und liegt in einer herrlichen französischen Parkanlage. Im Pavillon werden provenzalisches Mobiliar und temporäre Ausstellungen zeitgenössischer Kunstwerke gezeigt.

Rechts
Die beeindruckende gotische Basilika des mittelalterlichen Dorfs Saint-Maximin.

Unten
Schlicht und ergreifend: die ausgesprochen sehenswerte Abtei Silvacane, das älteste der drei provenzalischen Zisterzienserklöster (vor Sénanque und Thoronet).

Das Umland von Aix, zwischen Sainte-Baume-Massiv und Sainte-Victoire

Zur Erkundung des Bergs Sainte-Victoire – und Lieblingsmodells von Cézanne – ist die Landstraße ab dem Dorf **Tholonet** einzuschlagen, in dem ein reizendes Schloss zu sehen ist. Die ersten Kilometer dieser zum bläulich schimmernden Gebirge führenden Route stehen unter Denkmalschutz. Ebenfalls sehenswert ist das am Gebirgshang gelegene kleine Dorf **Puyloubier**, dessen lateinischer Ursprung *Podium luberium* Wolfshügel bedeutet. Der Ort besitzt eine schöne Kirche und einige Landkapellen.

Die um das Massiv führende etwa 60 km lange Serpentine bietet unzählige bezaubernde Blickfänge, die beim Betrachter lebhafte Erinnerungen an das eine oder andere Gemälde von Cézanne wachrufen mögen.

Weiter südlich liegt das Massiv Sainte-Baume, das eine heilige Aura umgibt. Der 12 km lange Gebirgszug mit West-Ost-Ausrichtung ragt nördlich von Aubagne auf und erstreckt sich vom Gipfel Baou de Bertagne bis zum Gipfel Baou de Saint-Cassien. Die durchschnittliche Höhe des Gebirgszugs beträgt 1.000 m. Sein höchster Punkt liegt bei 1.147 m, den Sie über das kleine Dorf **Gémenos** erreichen. Der mediterrane Wald des Südhangs kontrastiert mit der Felslandschaft aus Buchen, Linden und Efeu des Nordhangs. Hier soll die spätere Hl. Maria Magdalena etwa 30 Jahre als Einsiedlerin in einer Grotte gelebt haben. So erklärt das provenzalische Wort *Baoumo*, das einen Hohlraum in einem Fels bezeichnet, den heutigen Namen des Gebirges *Baume* und nicht zuletzt den Kult, den die Bewohner der Provence um diese Stätte treiben. Denn jeden Ostermontag findet hier eine siebenstündige Prozession statt.

Versäumen Sie es nicht, dem nahe gele-

Oben

In Salon-de-Provence sollten Sie der Stiftskirche Saint-Laurent aus dem Jahre 1344 (links) und dem Uhrenturm (rechts) einen Besuch abstatten.

genen mittelalterlichen Dorf **Saint-Maximin** einen Besuch abzustatten. Hier reihen sich die reizenden, klar voneinander abgetrennten Altstadtviertel um eine wunderschöne Basilika, die zu den imposantesten gotischen Bauwerken der Provence gerechnet wird. Nicht nur ihr Mobiliar und einige Kunstwerke sondern auch die berühmte Orgel der Orgelbauer Jean-Esprit und Joseph Isnard sind von ganz besonderem Interesse. Das hiesige königliche Dominikanerkloster entstand zwischen 1750 und 1785 unter der Leitung des aus Avignon stammenden Baumeisters Jean-Baptiste Franque.

Ist damit Ihrem Erkundungsdrang im Umland von Aix nicht genüge getan, dann setzen Sie Ihre Route bis nach **Fuveau** fort, einem malerischen Wachposten über dem Arc-Tal. Besuchen Sie das von Festungsmauern eingeschlossene reizende Dorf **Trets**, den auf einer felsigen Anhöhe thronenden Ort **Cabriès**, weiter nördlich den entzückenden Ort **Jouques** (im Osten) und das Dorf **La Roque-d'Anthéron** (im Westen), das eines der weltweit größten Klavierfestivals veranstaltet und in dem die herrliche Zisterzienserabtei Silvacane mit Glasmalereien des modernen Künstlers Sarkis zu besichtigen ist.

Salon-de-Provence

Viele verbinden mit Salon-de-Provence die französische Flugzeugschule und Jagdflugzeug-Formation sowie den für seine Prophezeiungen bekannten Nostradamus, der hier ab 1547 seine letzten 20 Lebensjahre verbrachte. In seinem Haus wird übrigens in einem Wachsfigurenmuseum und anhand temporärer Ausstellungen und einer gut bestückten Buchsammlung sein Leben nachgezeichnet. Doch hat das Städtchen Salon-de-Provence in idealer Lage zwischen Luberon, Arles und Avignon noch viele weitere Reize zu bieten.

Großes Augenmerk verdient das Château-musée de l'Emperi, das zu den beeindruckendsten mittelalterlichen Festungen der Provence zählt. Das Schloss, das zunächst den Erzbischöfen von Arles und anschließend den Königen Frankreichs als Residenz diente, besitzt noch heute eine schöne Renaissance-Galerie und einen Ehrenhof, der alljährlich den prächtigen Rahmen eines renommierten Festivals bildet. Ein weiteres schönes Bauwerk ist die Stiftskirche Saint-Laurent, deren Bau 1344 in Angriff genommen wurde. Hier können Sie in der Marienkapelle das Grab von Nostradamus besichtigen.

In Salon wird ebenfalls die berühmte Seife *Savon de Marseille* hergestellt! Denn der Ort machte sich seine Nähe zum Alpilles-Gebirgszug, aus dem das Olivenöl stammt, und zur Camargue zunutze, die ihm die zur Verseifung erforderlichen Bestandteile wie Soda und Salze liefert. Zu besichtigen sind die noch heute tätigen traditionellen Seifenfabriken Marius Fabre und Rampal Patou sowie das in einem ehemaligen Trockenraum untergebrachte Seifen-Museum, das schöne Formen, Schablonen und alte Verpackungen ausstellt. Der Besuch dieser Einrichtungen ist eine Wohltat für die Nase und endet nicht selten mit einem prall gefüllten Korb voller natürlicher Seifenprodukte.

Die Haute-Provence oder der „imaginäre Süden“ von Giono

Linke Seite Unweit von Manosque befindet sich das 156-Seelen-Dorf Montfuron, das mit einer komplett restaurierten und funktionstüchtigen Windmühle aufwartet.
Unten Das Lure-Gebirge bildete zusammen mit dem Valensole-Plateau den prächtigen und urwüchsigen Dekor für die Erzählungen des Romanciers Jean Giono, der diesen Landstrich als „imaginären Süden“ bezeichnete.

Kennzeichnend für die Haute-Provence sind ihre Einflüsse aus der Alpen-Region und der Provence.

Das facettenreiche Département erstreckt sich über 7.000 km² und setzt sich zur Hälfte aus regionalen Naturschutzgebieten zusammen. Malerische provenzalische Dörfer, die authentische Stadt Manosque inmitten ihrer idyllischen Hügellandschaft, das Durance-Tal, das Lure-Gebirge, das Valensole-Plateau und etwas weiter die Verdon-Schlucht bilden nur einige der vielen Höhepunkte des „imaginären Südens“ des in Manosque aufgewachsenen Romanciers. Kein Wunder also, dass der Autor diese Region oftmals zum Schauplatz seiner Erzählungen auserkor.

Oben
Hinter seinen mächtigen Festungsmauern strahlt der Ort Manosque eine authentische Ruhe aus - trotz des geschäftigen Treibens, das insbesondere an Markttagen herrscht (links). Das Stadttor Saunerie (dt. Salzsiederei) mit seinen Türmchen und Pechnasen stammt aus dem Jahre 1382. Sein Name spielt auf die Salzlager an, die sich unweit des Tors befanden (rechts).

Die idyllische Stadt Manosque

Mit Freude beliebte der Verfasser von *Der Hügel* und *Jean der Träumer* Manosque in eine Theaterbühne zu verwandeln. Die Beschreibungen seiner Stadt, die er als „Schildkrötenpanzer im Gras“ bezeichnete, sind bewundernswert. In seinem bekannten Werk *Der Husar auf dem Dach* beispielsweise lässt er seinen Romanhelden Angelo von Dach zu Dach springen. Unermüdlich pries Jean Giono in seinen Romanen seine Geburtsstadt, die es ihm heute gebührend dankt. So können Sie in Manosque das schlichte Geburtshaus des berühmten Autors in der ehemaligen aristokratischen Ader und heutigen Geschäftsstraße rue Grande (Nr. 14) besichtigen und das nach ihm benannte Zentrum besuchen. In einem alten Patrizierhaus wird in der Dauerausstellung „Giono le voyageur immobile“ sein Leben anhand von Fotos und verschiedenen Dokumenten nachgezeichnet, während in der Stadtbibliothek seine Werke auf Französisch und in übersetzter Ausgabe ausliegen.

Im Fahrwasser des berühmten Romanciers schwimmen noch weitere bedeutsame Schriftsteller, die Manosque hervorbrachte, so z. B. Pierre Magnan und René Fregni. Darüber hinaus hält der Ort jedes Jahr im Herbst anlässlich des Festivals „Correspondances“ die Literatur in Ehren.

Doch Manosque besticht auch durch ihre verträumte Lage hinter ihren von Platanen gesäumten mächtigen Festungsmauern, die einer entzückenden, typisch provenzalischen Altstadt Schutz bieten. Man betritt sie durch das Tor Saunerie, die das Wappen der Stadt zur Schau trägt. Die vier Hände des Wappens symbolisieren die vier ursprünglichen Viertel der mittelalterlichen Stadt.

Auf der Liste der sakralen Bauwerke reihen sich die Kirche Saint-Sauveur mit ihrem reizenden, kunstgeschmiedeten Glockenturm, die Kirche Notre-Dame-de-Romigier mit einem prächtigen Sarkophag aus Marmor und insbesondere die Klosterkirche des *Couvent de la Présentation*. Zwischen 1984 und 1991 bereicherte der Maler und Dekorateur Jean Carzou die Kapelle des Klosters mit seinem Werk *L'Apocalypse des temps modernes*.

Scheuen Sie nicht die Mühe, die 3 km nördlich gelegene Anhöhe Mont-d'Or zu besteigen. Ihre Anstrengung wird mit einem wunderschönen Ausblick auf die zwischen Luberon, Sainte-Victoire und Sainte-Baume eingekesselte Altstadt belohnt.

Forcalquier, thronende Stadt auf einem Kalksteinfels

Sollten Sie die über die Vaucluse-Stadt Apt führende reizende Nationalstraße N100 wählen, ist Forcalquier die erste Stadt auf Ihrer Route.

Diesem unabhängigen, geradezu aufsässigen Ort war ein kurioses Schicksal beschert. Im 12. und 13. Jh. genoss Forcalquier den Status eines unabhängigen Staates. Der Bischof von Sisteron besaß hier sogar eine zweite Kathedrale, die als „Ko-Kathedrale" bezeichnet wurde. Forcalquier, die ehemalige Hauptstadt der Haute-Provence, brachte aus den vier Töchtern des Grafengeschlechts der Provence vier Königinnen hervor: Margarete, die Gemahlin von König Ludwig IX., Eleonore, die Gemahlin des englischen Königs Heinrich III., Sancha, die sich mit dem römisch-deutschen König Richard von Cornwall vermählte, sowie Beatrice, Gemahlin von Karl I. von Anjou, König von Neapel-Sizilien. Eine an einem Brunnen angebrachte Gedenktafel verweist mit Stolz auf diesen geschichtlich bedeutsamen Umstand.

Im Ort weist die Kathedrale Notre-Dame-du-Bourguet romanische und gotische Stilelemente auf. Die ältesten Pfeifen ihrer bemerkenswerten Orgel stammen aus dem Jahr 1629.

Die Altstadt besitzt zahlreiche kleine Patrizierhäuser und malerische Treppen. Der place Saint-Michel, auf dem der Wochenmarkt stattfindet, lässt die friedliche Stadt regelrecht aufbrodeln. Die gepflasterten steilen Straßen der Oberstadt führen Sie hinauf zur Terrasse Notre-Dame-de-Provence, wo sich die gleichnamige Kapelle und die Überreste der Zitadelle befinden. Hier oben wird Ihr mühseliger Aufstieg durch ein atemberaubendes Panaroma belohnt.

Nicht nur die Stadt sondern auch das Umland von Forcalquier birgt so manchen Reiz. Leuchtender Himmel und reine Luft, erhabene Landstriche und idyllische Dörfer, die mit dem Label „villages et cités de caractère" ausgezeichnet wurden und bisweilen in malerischer „Höhenlage schweben", sind Anreiz genug, um sich hier länger aufzuhalten – und zwar zu jeder Jahreszeit!

Ausgesprochen viel Charme besitzt das alte Dorf **Mane**. Seine mittelalterliche Zitadelle, deren Tor durch Pechnasen und an den Ecken durch Warten verteidigt wird, ist die einzige vollständig erhaltene Festung der Haute-Provence aus der Zeit vor dem 15 Jh. Vom **Priorat Salagon** ist noch die Klosterkirche aus dem 12. Jh. erhalten. Seit etwa 25 Jahren beherbergt es das ethnologische Museum der Haute-Provence. Im Gebäude vermitteln diverse Ausstellungen einen Eindruck darüber, wie einst die Menschen in diesem Landstrich lebten. Hier werden auch in der prächtigen riesigen Gartenanlage voll üppiger farbenfroher Blumen und duften-

Unten

Auf der Zitadelle von Forcalquier thront die schöne Kapelle Notre-Dame-de-Provence (links). Im Priorat Salagon von Mane befindet sich heute das ethnologische Museum der Haute-Provence (rechts).

Oben Ein beeindruckendes Werk der Erosion sind die „Büßer von Mées", eine etwa 100 m lange Anreihung bizarr geformter, grauer Felsen. Am Fuße dieses Naturgebildes liegt das Dorf Les Mées.

der Kräuter thematische Workshops geboten.

Im 2 km entfernten **Schloss Sauvan** aus dem Jahr 1720 erwartet Sie ein regelrechtes kleines provenzalisches Versailles, wo Sie fürstlich übernachten können!

In „greifbarer" Nähe befinden sich weitere Sehenswürdigkeiten wie beispielsweise das entzückende Dorf **Dauphin**, das astronomische Observatorium in **Saint-Michel** und die **Oppedette-Schlucht**, eine Art Verdon-Schlucht im Kleinformat.

Sehenswert ist auch das malerische mittelalterliche Dorf **Banon**, das eigentlich schon mehr dem Vaucluse-Gebiet zuzuordnen ist. Der Ort, durch den der Fluss Calavon gemächlich seine Bahn zieht, liegt auf 1.000 Höhenmetern. Liebhaber provenzalischer Spezialitäten werden hier sicherlich auf ihre Kosten kommen, denn Banon brachte den in vier Kastanienblättern und Raphiabast eingehüllten kleinen Ziegenkäse *Goûtu* hervor, der sich seit neuem einer AOC-Auszeichnung erfreut.

Im Durance-Tal ist ebenfalls eine Fülle reizender Orte zu besichtigen, so z. B. das schmucke Dorf **Montfort** und das Dof **Les Mées**, das für seine grauen Felsen bekannt ist. In der Tat ließ die Erosion nördlich der Gemeinde auf etwa 100 m bizarre Felsformationen entstehen, die von den Einwohnern die „Büßer von Mées" getauft wurden. Im Ort selbst verdienen schöne Häuser in zarten Farben und von Platanen gesäumte Straßen Ihre Aufmerksamkeit. Nicht minder beeindruckend ist das **Priorat Ganagobie**, das der Bischof von Sisteron im 10. Jh. dem Kloster von Cluny vermachte. Bis heute werden die schön restaurierten Klostergebäude von Benediktinermönchen bewohnt. Zu besichtigen ist die kürzlich restaurierte Klosterkirche aus dem 12. Jh.

Etwas weiter nördlich an der Grenze zur Alpen-Region liegt an den Ufern des Flusses Durance der von den Römern *Segustero* getaufte Ort **Sisteron.** Seine bewegte Geschichte ist ein Wechsel aus glücklichen (insbesondere im Mittelalter und im 17. und 18. Jh.) und tragischen Epochen, denn Sisteron wurde im Laufe der Geschichte wiederholt belagert und im Zweiten Weltkrieg stark zerbombt. Die Stadt wurde 1483 dem französischen Königreich einverleibt.

Schon von weitem zu sehen ist die auf

Oben Ein wachsames Auge hält die Zitadelle auf das Durance-Tal und das Städtchen Sisteron. Dieser zwischen Alpen und Provence gelegene Ort verdient Ihre Aufmerksamkeit ebenso wie die Kathedrale Notre-Dame-des-Pommiers.

Unten Käseliebhabern sollte das malerische Dorf Banon ein Begriff sein, denn hier wird der gleichnamige Weichkäse aus Ziegenmilch hergestellt (links). Unweit von hier liegt das Priorat Ganagobie, das der Bischof von Sisteron im 10. Jh. dem Kloster von Cluny vermachte (rechts).

einem Fels thronende imposante Zitadelle von Sisteron, die die Stadt und das schöne Durance-Tal überragt. Der gewaltige Bau aus Elementen verschiedener Epochen im Grenzland zwischen Provence und Dauphiné-Region bietet einen wunderschönen Ausblick auf die Unterstadt und das reizende Umland. Von diesem massigen Bau behauptete König Heinrich IV.: „Dies ist die stärkste Festung meines Königreichs".

Im Sommer veranstaltet die Zitadelle auf ihrer vor 80 Jahren gegründeten Freilichtbühne ein exquisites Musik-, Tanz- und Theaterfestival.

Vom ehemaligen Festungswall sind nur noch wenige Rudimente erhalten. So stehen von den ehemals 19 Türmen heute nur noch drei. Die Altstadt ist ein Geflecht aus dunklen, geheimnisvollen Gassen mit überwölbten Passagen (provenzalisch „Androne") und kleinen malerischen Plätzen. Die romanische Kathedrale Notre-Dame-des-Pommiers besitzt ein schön verziertes Portal sowie Werke von Künstlern der provenzalischen Schule, insbesondere von Nicolas Mignard und Van Loo.

Das Verdon-Gebiet

Die faszinierende Verdon-Schlucht zählt zu den tiefsten (denn sie erreicht stellenweise eine Tiefe von 700 m) und beeindruckendsten Europas inmitten eines bezaubernden und abwechslungsreichen Landstrichs von alpiner und mediterraner Prägung.

Linke Seite
Jeden Sommer bevölkern unzählige Tret- und Paddelboote das türkisblaue Gewässer des von steilen Felswänden eingekeilten Flusses Verdon.

Unten
Das Stauwerk Esparron-de-Verdon zählt mit Quinson und Sainte-Croix zu den insgesamt fünf Stauwerken des herrlichen Sees Sainte-Croix.

Steil aufragende Felswände und urwüchsige Flussufer, malerische Dörfer und Städte sowie der bezaubernde türkisblaue See Sainte-Croix sind einige seiner vielen sehenswerten Kleinode.

Um die Schlucht mit ihren fünf Stauwerken (Castillon, Chaudanne, Sainte-Croix, Quinson und Esparron) erstreckt sich ein regionaler Naturpark mit einer ausgesprochen artenreichen Fauna und Flora. Darüber hinaus floriert im Verdon-Gebiet das Handwerk in Form von Töpfereien, Korbflechtereien, Steingut-Werkstätten und Webereien.

Von der Quelle am Pass Allos bis zum Fluss Durance zieht der Fluss Verdon eine Bahn von 175 km. Die Besichtigung dieses Gebiets, das sich zwischen den Départements Alpes-de-Haute-Provence und Var erstreckt, ist insbesondere im Frühjahr oder im Herbst zu empfehlen, wenn das Klima mild und die Luft besonders rein sind

Oben
Die keltisch-römischen Höhlentherme von Gréoux-les-Bains (links). Das bezaubernde Dorf Moustiers-Sainte-Marie verdankt seinen Ruf den Steingutfabrikanten, die den Ort seit dem 17. Jh. bevölkerten und deren Tradition bis heute in etwa 15 Werkstätten fortgesetzt wird (rechts).

und die ersten Frühjahrsboten bzw. leuchtende Herbsttöne den Landstrich in wunderschöne Farben tauchen.

Unsere Reise beginnt im Süden bei **Gréoux-les-Bains**, einem beliebten Thermalkurort in provenzalischem Stil. Sehenswert ist sein zwischen dem 12. und 18. Jh. von den Tempelrittern erbautes Schloss und das *Maison de Pauline* mit seinem typisch provenzalischem Innendekor.

Der an den Ufern des Verdon gelegene Ort **Quinson** lädt zur Besichtigung seines Museums für Vorgeschichte und seines mittelalterlichen Dorfes.

In der alten Stadt **Riez** sind schöne Bauwerke und Patrizierhäuser aus dem 16. und 17. Jh. zu bestaunen. In ihrer Taufkapelle ist ein von acht römischen Säulen mit korinthischen Kapitellen eingefasstes Becken erhalten. Zudem sind hier einige Rudimente aus gallisch-römischer Zeit zu sehen.

Ein Höhepunkt auf Ihrer Reise durch das Schlucht-Gebiet ist die wie ein Amphitheater angelegte Stadt Moustiers-Sainte-Marie am See Sainte-Croix. Der Ort wurde im Jahre 433 von Mönchen gegründet. Malerische Gassen, entzückende Brunnen, alte Waschhäuser und Brücken lassen ihn besonders reizvoll wirken. Bekannt aber ist **Moustiers** vor allem durch seine Steinguttradition, die sich im ausgehenden 17. Jh. relativ spät etablierte. Zu dieser Zeit galt das hier angefertigte Steingut als „das schönste und formvollendetste des Königreichs". Ganze sieben Brennöfen liefen auf Hochtouren, bevor die Tätigkeit in Vergessenheit geriet, um in den 1930er Jahren wieder aufzublühen. Heute halten in Moustiers an die 15 Steingut-Werkstätten die alte Tradition in Ehren.

Im Steingutmuseum sind an etwa 500 Ausstellungsstücken die Kunstfertigkeit und verschiedenen Stilrich-

Oben

Von unten bietet die Schlucht ein beeindruckendes Schauspiel, von oben einen atemberaubenden Ausblick. Hier zu sehen der Aussichtspunkt *Point Sublime* (links). Das reizende Dorf Castellane vor einer 180 m aufragenden Felswand (rechts).

Unten:

Blick auf den kristallklaren See Sainte-Croix und die Galetas-Brücke. Am Fuße der Brücke erwartet Sie der größte Strand des Sees.

tungen der hiesigen Steingutfabrikanten abzulesen. Zu besichtigen sind hier ebenfalls die mitten im Dorf gelegene Kirche Notre-Dame und die auf einer Anhöhe erbaute Kapelle Notre-Dame-de-Beauvoir, für die Sie einen dreißigminütigen Fußmarsch in Kauf nehmen müssen. Doch die Kapelle und der schöne Ausblick lohnen die Mühe.

Krönender Abschluss Ihrer Reise bildet natürlich die Erkundung der Verdon-Schlucht. Die Tapfersten begeben sich zu Fuß und mit angemessener Ausrüstung auf Wanderung. Die anderen wählen die Straße, die nicht weniger fantastische Entdeckungen verheißt. Sowohl die Landstraße D71 im Süden als auch die D952 im Norden versprechen fesselnde Aussichtspunkte und Blickfänge. Steilwände, Abgründe, Talengen und Seen ziehen an Ihrem verblüfften Auge vorüber. Einzig ein Gänsegeier in majestätischem Flug vermag dieses magische Naturschauspiel noch zu übertreffen. Denn der 10 kg schwere Vogel mit einer Spannweite von über 2 m wurde hier von einem Naturschutzverein wieder eingeführt. Viele weitere Tierarten sind im Verdon-Gebiet beheimatet, darunter zahlreiche Fledermäuse und Nistvögel.

Inhalt

Herausgeber: Christian Ryo
Editorische Bearbeitung: Isabelle Rousseau
Grafische Gestaltung: Grafikstudio
des Verlags Editions Ouest-France
Fotogravüre: Nord Compo, Villeneuve d'Ascq (59)
Druck: Kapp Lahure in Evreux (27)

Édilarge SA, Rennes
ISBN 978-2-7373-4515-9
Gesetzliche Hinterlegung: März 2008
Herausgeber-Nr.: 5695.01.03.03.08
Printed in France
www.editionsouestfrance.fr